子どもの
グズグズ
がなくなる本

プロコーチ
NLPマスタープラクティショナー
田嶋英子

青春出版社

うちの子って、どうしてこうなの?
そう思うのは当然です。
だって、お母さんですもの!

かけがえのないわが子を大切に育てている
すべてのお母さんに捧げます。

目次

Contents

序章

どうしてうちの子、いっつもグズグズするの!?

5つの〝グズグズの素〟を知っておこう

そのグズグズは「性格」ではありません　14／グズグズしない力＝壁を突破する力　18
脳の仕組みを知れば、カンタン！　21／グズグズには5つのパターンがある　24

第1章 肉体的・感情的なグズグズ

ダダをこねる！

❶ なぜグズグズするのか、聞いちゃダメ　32
グズグズする原因を知るコツ　32
「まだ帰りたくない」とグズる子への解決法　35
優しいお母さんほどグズグズに巻き込まれてしまうワケ　40
やめてほしい行動の理由を質問するのは、禁止！　43

❷ 遅れてやってくるグズグズ　47
朝グズるようになったのは、「甘え」でも「なまけ癖」でもない　47
お母さんと一緒の時間を取り戻すことで安定する　53

❸ 気分が乗らないグズグズ　55
まずは、「心のハードル」を低くする　55
「やる気がないと力が出ない」の間違い　58

4 言いたいことが言えないグズグズ　63

言葉で表現できないから、泣いたり暴れたりするんです　63

お母さんは、ただ「気持ちを受け取るだけ」でいい　65

5 周りの目を気にするグズグズ　70

「自分からすぐ動けない」問題　70

「言われたとおりにやらない」のは大事な成長のステップ　75

6 気持ちを切り替えられないグズグズ　79

泣いているわが子にイライラしてしまうのは「お母さんの証拠」です　79

「ネガティブな感情の意味」に気づくと、振り回されなくなる　83

7 したいことがほかにあるグズグズ　86

宿題をさっさとやらずに遅くまで起きている子の「本音」　86

こう考える習慣で、子どもを見る目が変わる！　91

第2章

自信のなさが生むグズグズ

すぐ「できない」「無理〜」と言う…

8 自信がないって、どういうこと？ 100

すぐ「できない」「無理〜」と言って、やらない根本原因 100

知らずに「自分は必要な存在だ」という感覚を妨げていませんか 105

9 「やったけど、ダメだったからもうやらない」 110

「やめたい」と途中で投げ出してしまうのは… 110

失敗だって、積み重ねるほど「自信」になる 112

10 行動してみなきゃ始まらない 116

小さいときにかまってもらえなかった子どもは自信を持てない!? 116

プロセスが大事。「できるようになること」を目標にしないこと 119

11
劣等感で自信が持てない？ 123
誰と比べて「自分はダメ」と感じるのでしょうか？ 123
劣等感に縛られず、最大利用しよう 127

12
「ほめて育てる」の落とし穴 131
大きくなるほど、ほめるところが少なくなってきませんか 131
「できたね！」という魔法の言葉 135

13
好きなようにすると、止《と》められる 138
「寄り道してはいけない」という約束が守れない子 138
何気ないお母さんの言葉が「自己否定」につながる危険 143

第3章

何事もゆっくり、時間がかかる
要領が悪いタイプのグズグズ

14 時間を味方につけよう 146

「スピード力」を上げれば、ほかの問題も一挙解消！ 146

グズグズしないで行動できる「時間管理能力」とは 147

「時間がない」「早くしなさい」は逆効果 153

15 焦るとますます遅くなる 156

行動がスイスイいく言葉、バタバタになる言葉 156

「落ち着いて」ではなく、「急ぐ」を使う 158

16 集中力はカンタンに伸ばせる！ 162

勉強の途中で遊び始めてしまうのは、集中力が続かないから？ 162

「時間」と「空間」を限定するだけで、集中力は上がる 166

17 「優先順位」を教えよう 168
たったこれだけで「グズ」は克服できる 168
遊びながらサクサク動けるようになる「一時棚上げ」作戦 171

18 「タイミングが分からなくて行動できない」 175
タイミングが悪い人＝時間管理がヘタな人 175
「先手必勝」「最初が最善」の法則 178

第4章 先延ばししたほうが得だ！ わざとやっているグズグズ

19 グズグズしてたら得をした 182
「グズグズすれば欲しいものがもらえる」と学習させていませんか 182
だから「ダメな子」と言われても、やめられない！ 186

20 グズグズするのが、自分らしい 189
わざとギリギリまでやらない、遅れる「心理」 189
親が貼ったレッテルのとおりに子は育つ 192

21 グズグズは伝染する 193
「ちゃんとしていると損だ」という気分になる理由 193
望ましくない行動には注目してはいけない 196

第5章 カンタンすぎてつまらない！頭のいい子のグズグズ

22 わかるから、できるから、つまらない 200
「なぜ、わかっていることを繰り返ししなきゃいけないの？」と言う子には… 200
「勉強以外」で、コツコツ努力する姿勢を育てましょう 204

23 **先を読みすぎるグズグズ** 205
考えすぎて動けない子どもの共通点 205
「加点主義」がチャレンジする子どもをつくる 207

24 **できる子のグズグズ** 210
「本気でやればできる子」が伸び悩んでいるときの接し方 210
母親はただ「そこに戻れば気持ちが落ち着く存在」であればいい 213

あとがきに代えて
「グズグズがなくなる」と手に入るスゴイ力 216

カバー・本文イラスト　齊藤　恵
本文デザイン　浦郷和美

序 章

どうしてうちの子、いっつもグズグズするの!?

5つの“グズグズの素”を知っておこう

そのグズグズは「性格」ではありません

子どものグズグズに悩まされているお母さん方、本当に多いと思います。


朝の一番忙しいときに、グズグズしているわが子。

もうすぐ園バスが迎えに来るのに！

お母さんがイライラして叱っても、なだめたりおだてたりしても、なかなか行動が変わらない。また次の日、同じことの繰り返し。うんざりしますね。朝が来るのがイヤになりますよね。


夜遅くなって、もう眠る時間なのに、もっと遊ぶと言い張るわが子。

明日の朝、眠くてグズグズするのが分かっているのに！

でも、遊び足りないのかな、かわいそうかな、私の愛が足りないのかしら。お母さんも、迷ったり、自分を責めたり、どうしようもなくてイライラしたり。

いやいや、小さいうちのグズグズはまだかわいかった。そんなお母さんもいますね。

大きくなってからも、場面は違っても、「グズグズ」することは変わりません。むしろ、しなくてはいけないことが増える分だけ、「グズグズ」が目につきます。

学校へ行く。宿題をする。ご飯を食べる。お風呂に入る。

そんなので間に合うの？

ゲーム、いつまでやってるの？

習い事の練習は？　しなくていいの？

明日から試験週間なんだよね？　今度はがんばるって言ってたよね？

子どもが大きくなると、お母さんが無理やりさせることができなくなることも多くなります。無理にさせようとして、子どもとの関係が悪化することもあります。

言ったらもっとグズグズするから、言わないほうがいいか。でも、言わないと、あとで困るし。

イライラするとともに、どうにもできない無力感にとらわれるお母さんも多いようです。

この「グズグズ」、どうにかならないかしら、と思いますか？

どうにかできるんですよ。カンタンです。

えっ、今までもいろいろやってみたけど、ダメだった？

よその子はともかく、ウチの子はダメ。何をやってもダメでした、ですか？

そんなお母さんに読んでいただきたいと思います。**子どもが「グズグズ」から脱却し、行動していくことが、その子の幸福につながっていく**と私は信じているからです。

子どもの「グズグズ」は、いくつかの原因があって起こっているものです。原因が何かを特定して、対策を考え、手を打っていけば解消していくのです。
それはとてもカンタンなことなんですよ。

子どもって、どうして「グズグズ」するのでしょうか。もちろん、ちゃんと理由があるのです。

子どもだから「グズグズ」しても仕方ない。そんな部分もあるでしょう。そして、いつまでも「グズグズ」を続けても幸せな人生を送れないことを、私たちおとなは知っているのです。

もし、その「グズグズ」が少しでも減らせるのなら、減らしたほうがいいですね。お母さんのイライラも減りますから。

そのために知っておきたいことは、「グズグズ」を「性格だから直らない」とあきらめなくていいということです。「グズグズ」とは子どものもって生まれた性格ではありません。「グズグズ」は習慣、いわば「心のくせ」です。だから、カンタンにやめられるんです。

グズグズしない力＝壁を突破する力

さて、私は、おとな向けに心理学を基にしたセミナーやコーチングを行っています。「コーチング」というのは、近年日本でもよく知られるようになってきましたたが、目標達成のためにきわめて効果的な手法です。

決めた目標、ゴールを達成するためにスポーツ選手や経営者、その他いろいろな方々が使っていらっしゃいます。世界を舞台に活躍する方で、コーチがついていない人はいないと言っていいでしょう。

その「コーチング」では、「目標達成する」「成功する」ことをサポートすることを目的としていますが、その**「目標達成」を阻《はば》むものとして、いろいろな「壁」が現れてきます。**

そのうちのひとつが、子どもの「グズグズ」と同じもの、おとなの場合は「先延ばし」です。

私たちおとなも、「グズグズ」するときって、ありますよね。したほうがいいけど、先延ばしすること、私にもあります。

素晴らしいことに、この「壁」を突破するためにどんなことができるかは、コーチング、ＮＬＰ心理学（神経言語プログラミングと呼ばれる最先端の心理学）ですでに実践済みです。子育てにこの実践を応用していけばいいだけ、ですね。

「グズグズがなくなる」と聞くと、何か魔法のようなものが働いて問題が解決してしまう、と感じるかもしれません。でも、そうではないのです。

誰かが代わりに解決してくれたらいいのに、と思いますか？

私はそれではダメだと思います。なぜなら、私は問題が解決するのがいちばん重要なことではないと考えているからです。

今起こっている問題が、たとえば、転んでけがをして血が出ている状態だとすると、血を止めてばんそうこうを貼ることは必要なことです。でも、血が止まって痛みが当面なくなりさえすればいいですか？

なぜ自分がけがをしたのかさえ分からなくていい、でしょうか。

石につまずいて転んだのなら、つまずいた石を取り除いたり、石のないところを選んで歩くようにしたりしなければ、また同じことが起こります。そのたびに痛い目に遭って血を流すのでは、知恵がなさすぎですね。

ばんそうこうを貼ってごまかす人生ではなくて、自分の問題は自分で解決できるようになる、というのが重要だと思うのです。だから、カンタンに分かりやすく、でも根本的なところから、ご説明しようと思います。

ちょっと回り道のように感じるかもしれませんが、おつき合いくださいね。

脳の仕組みを知れば、カンタン！

私たち人間の、脳の仕組みを少し説明しましょう。

私たちの頭の中で、どんなことが起こっているのか、どんなふうに働いているのか、自分のことなのに知らないことがたくさんあります。脳の仕組みを知って上手に使えるようになれば、考えたり理解したり判断したりするのが速くなります。いわば「頭がよくなる」感覚が手に入るんですよ。

複雑でゴチャゴチャに絡み合った問題は、考えるのも、理解するのも「むずかしい」と感じます。どこからどんなふうに考えたらいいのか「分からない」からです。

「むずかしいな」と感じたら、脳は働くのをやめようとします。脳の中の電流が流れにくくなる、動きが悪くなる。これが「分からない」という状態です。

では、「分かる」というのはどんな状態かというと、複雑に絡み合っている（ように感じる）問題を、理解できるように「分けていく」ことです。「分かる部分」と「分からない部分」に分けていくのです。

小さな固まりに分けていくと、分かる部分には電流が流れ、電気がつきます。分からない部分は電流が流れません。「分からない部分」は、まだ複雑すぎる、固まりが大きすぎる、ということですね。

「分からない」ということが「分かった」わけです。次は、もっと細かく分けていけばいいのです。

こうやってシンプルに明確にしていく作業を、「考える」と言います。私たちの脳の中では、こんなことが起こっているんですよ。

脳はとても優秀です。すべての脳が優秀です。優秀でない脳はありません。「私の脳は優秀ではない」と考えている人がいるだけです。

脳はとても優秀で、かつ、とても素直なので、私たちが思ったとおりになります。「むずかしい、分からない」と思えば、考えることを停止します。「カンタン」と思えば、考えて理解できるようになります。

脳はまるで図書館のようなものなのです。あるいはインターネットのグーグルみたいなものです。

「そんなことできるわけがない」と思ったら、「できない理由」をたくさん検索してくれます。「なんとかしたい、できるはず」と思ったら、「できるアイデア」を検索してきてくれます。

この本を手にとってくださっているあなたは、「なんとかしたい、できるはず」という検索をかけたということですね。読み終わったとき、「分かった！」が手に入っているはずです。

グズグズには5つのパターンがある

ひとことで「グズグズ」と言っても、いくつかのパターンに分かれます。

1. 肉体的・感情的な要因による「グズグズ」
2. 自信がないことによる「グズグズ」
3. 能力的な要因による「グズグズ」
4. 意図的にやっている「グズグズ」
5. 頭のいい子に起こる「グズグズ」

この5つの要因に分類できます。
まず、ひとつめは、肉体的・感情的な要因による「グズグズ」ですね。
何か不満なことがある。けれどもそれが何か、自分でもよく分かってない。口に出してうまく表現できない。だから、何となくグズグズ言ったりグズグズしたりする。騒いだり、暴れたり、泣いたり。そんな「グズグズ」、小さい子どものころだけでなく、入園・入学のときや思春期など、大きく変化したり成長したりするときにもよく起こります。

それから、「自信がない」ことによる「グズグズ」です。

自信がないから行動できない。いろいろな制限を自分でかけてしまうことで起こります。やったほうがいいと分かっているのに、なぜかすぐに行動しない。行動が遅い。成長しておとなになってからも、この自信のないことによる「グズグズ」が課題として残る人が多いようです。

あるお母さんで、口癖のように「私はバカだから」とおっしゃる人がいました。もしかしたら半分は劣等感、半分は謙遜《けんそん》だったかもしれません。本人もほとんど無意識に口にしていたようです。

「私はバカだから、自信がない」「私はバカだから、分からない」「私はバカだから、できない」

とても気になったので、「私がバカだから」を言わないようにアドバイスしてみました。

その方はそれからコーチング講座を受講してプロコーチの資格を取り、最新のNLP心理学の勉強もされています。

今ではセミナーで人の前に立ってリードしたり、自信がなくて一歩を踏み出せない方のサポートをする仕事を始めるようになっています。「私はバカだ」というセルフイメージのままでは、とてもできない仕事ですね。

子どもの自信を育むということ。小さいころから一緒にいるお母さんだからこそ、できることがたくさんあります。自信って、どんなふうに育んだらいいのでしょう。第2章で一緒に考えてみましょう。

そして、能力的な要因による「グズグズ」があります。時間管理ができなかったり、優先順位がつけられないことによって「グズグズ」しているように見える場合がこれにあてはまります。

一般的に、よく「要領が悪い」と言われるタイプです。「要領が悪い」というのは、その子の個性ではなく、単なる能力的な問題です。もちろん、適切な対策と練習によって解決していきます。

それから、戦略的な「グズグズ」があります。これは、「グズグズ」することによって、何らかのうまみ、メリットがある場合です。習慣になっていたり、セルフ

イメージとして潜在意識の深いところまで入っているケースもあります。
最後は、頭のいい子に多い「グズグズ」です。頭がよくてすぐに分かるので、繰り返しやることが苦痛に感じられたり、先が読めすぎて今の行動ができにくい場合です。

これらの要因が単独、もしくは複数あって、「グズグズ」という現象が起こっているのです。まずはそれぞれがどんなものかを理解しましょう。むずかしいことはカンタンにかみくだいて分かりやすくお話ししますから、楽しんで読んでください。

＊　＊

前著『子どもの「言わないとやらない！」がなくなる本』では、子どもの自己管理力を、しつけではなく「習慣」として身につけることについてお話ししています。毎日毎日の基本的な生活を大切にしていくことで、自己管理力を身につけることができる、という内容です。

ちょっとだけ復習をしておきましょう。自己管理力は、「健康」「時間」「空間」「コミュニケーション」「お金」、この５つを管理する力です。子どもが社会に出る前に身につけておきたい、基礎的な力です。この基礎的な力を身につけた子どもに育てる。本来はそこまでが親の仕事なのです。

この本では、さらにもう一歩踏み込んで、もっと子どもを応援したいお母さんにも役に立つ内容になっています。やらなくてはいけないことだけでなく、「子どもがやりたいこと」をやれるように応援したい、と願っているお母さん方、本当に多いのです。やらなくてはいけないことも、やりたいことも、「グズグズ」せずにやれるように、サポートしていけたらいいですね。

「やりたいこと」をやる舞台として、家庭の中だけでなく、学校やクラブといった、集団の中ですごすことも多くなります。どんな「グズグズ」があるのか、それはどういう仕組みで起こっているのか、どんな対策が打てるのか、いろいろな事例をとおして一緒に考えていきましょう。

第1章

ダダをこねる！
肉体的・感情的な グズグズ

1 なぜグズグズするのか、聞いちゃダメ

グズグズする原因を知るコツ

さあ、グズグズに対処する方法を、原因別に考えていきましょう。グズグズの最初の分類は、「肉体的・感情的なグズグズ」です。

グズグズしている子どもに、どうしてグズグズするのか、その理由を聞いてはいけません。

なぜでしょうか？

なぜなら、子ども本人にも、なぜグズグズするのか分かってないからです。分からないことを答えることはできませんね。小さい子どもに「どうしてグズグズする

の？」と聞いても、ちゃんとした答えは返ってこないと思っていたほうがいいです。

言い換えれば、**子どもは何をしたいのか、何がイヤなのかをはっきりと表現できないときに「グズグズ」という行動を取っているのです。**

子どもに理由を聞かないで、でもグズグズの理由を考えなくてはいけません。そこで必要なことは、まず「観察」です。子どもがどんなときにグズグズしているのかを観察することは、大切なことです。次の手順を踏むといいでしょう。

まず、熱はないか、食欲はあるのか、睡眠は取れているか、などの体調を確認します。暑すぎたり、寒すぎたり、のどが渇いていたり、服が窮屈だったり、そんなこともあるかもしれません。体調が悪くてグズグズするのは、子どもにはよくあることです。

もし体調が悪いのなら、必要な手当てをしてあげてください。叱りつけてお支度をさせて幼稚園に送っていったあと、「お熱があります。お迎えにきてください」と電話が入ること、よくありますね。

さらに少し大きくなってからだと、お母さんも油断します。「あら、風邪《かぜ》引いてたの、気づかなくてごめんね」。私も何度もあります。調子が悪いときに、「調子が悪い」と言えないのが子どもというものです。

からだに問題がない場合は、こころの状態を確認しましょう。前の日にお友だちとけんかしていたり、先生に怒られたり、何かおもしろくないことがあったのかもしれません。でも、こころの状態は目に見えませんね。どうしたらいいでしょうか？

子どもに聞いてみましょう。

でも、どうしてグズグズするのか聞いたらダメ、でしたよね。どんなふうに聞いたらいいでしょうか。

たとえば、**「何か言いたいことがあるかな」**とか、どうでしょうか。時間がたっぷりあるときは、ぜひ、こんな感じで聞いてみてください。

でも、時間のないときにグズグズが始まったら、どうしましょう。

次の例で一緒に考えてみましょう。

「まだ帰りたくない」とグズる子への解決法

Aちゃん、もうすぐ4歳、一人っ子です。明るく元気な男の子ですが、ときどきお母さんの思うとおりにならないときがあって、お母さんは困っています。

保育園からの帰り道、夕方暗くなるのが早い時期、冷たい風が吹いています。お母さんは一刻も早く帰ってご飯の支度やほかの家事をしたいと思っていますが、Aちゃんはまっすぐ帰りません。必ず寄るところがあるからです。それは消防署です。消防署の駐車場に停めてある消防車を見なくてはいけないのです。

お母さんはAちゃんの気がすむまで待ってあげたい気持ちと、帰ってからしなくてはいけないたくさんの用事が気にかかる、ふたつの気持ちの間で揺れています。「もういいでしょ、帰ろうね」と声をかけて、素直に動いてくれる日もあるのですが、今日のAちゃんは動きません。

お母さんも最初は優しく言っていますが、だんだん言い方がきつくなってAちゃんを怒り、Aちゃんもグズグズ泣きながら帰ることになってしまいます。こんなことが、ときどきですが、あるのです。

どうでしょうか。こうやって客観的に見ると、見えてくるものがありませんか？早く帰りたいお母さんと、帰りたくないAちゃん。お母さんの気持ちにも、ふたつの気持ちがありますね。こういう相反するふたつの気持ちがあると、人間は不安になったり、イライラしたり、自分を責めたり、行動できなくなったりするのです。これを心理学では「葛藤《かっとう》」と言います。

私たち人間はいつも「葛藤」に悩まされています。痩《や》せたい、と思いながらスイーツを食べたいとも思います。部屋を片づけたいと思いながら先延ばしにしています。

「葛藤」の解消方法は、カンタンです。

「決める」ということです。ふたつのうち、どちらかに決めるのです。
帰るか、帰らないか。
食べるか、食べないか。
片づけるか、片づけないか。

あら、このAちゃんのお母さんも「決めた」のじゃないかしら？　だから、帰ったのよね？
そうです。Aちゃんのお母さんは「帰ると決めた」のです。しかし、それが意識できていないのです。意識的に、「決める」必要があります。「決める」と自覚して「決める」のです。

決めるときにコツがあります。
ひとつは、きっぱり決めて、決めたあとで悩まない、後悔しないということです。

これが、なかなかできません。

ダイエット中なのに、お友だちにランチに誘われた。断るのも悪いからということで、ランチに行きますね。そしておいしそうなスイーツがデザートに出ます。「ああ、どうしよう。ついでだ。食べちゃえ！」と食べちゃいました。満腹です。食べすぎかもしれません。ふくらんだお腹を感じながら後悔すること、ありませんか？

問題は、ダイエット中なのにスイーツを食べたことではなく、自分で決めた「食べる」という判断と行動を、自分の中で否定することです。そうすると、また新たな「葛藤」が生まれてきてしまうんです。その「葛藤」のストレスから食欲を抑えられなくなるというのが、肥満のメカニズムです。あら、私のことですね（笑）。

Aちゃんのお母さんには、そんなお話をして、こんなアドバイスをしました。

まず、Ａちゃんに「消防車を見たら、帰るよ」と伝えておきます。そしてＡちゃんが消防車を見ているときは邪魔しないこと。「早く帰って、ご飯にしなきゃ」とか、「今日、先生がね」とか、関係ない話をしないようにします。話題は消防車に限ります。

それから、Ａちゃんに「見たね？」と聞きます。Ａちゃんがうなずいたら、手を取って帰ります。

Ａちゃんは、まったくグズグズしないようになったどころか、今までよりも短い時間で満足して帰るようになったそうです。ほかの場面でも、同じように行動することを心がけて、聞き分けのいい子になりました。Ａちゃんのお母さんは「夢のようです」と言っています。

優しいお母さんほどグズグズに巻き込まれてしまうワケ

Ａちゃんのお母さんのように、優しい性格の人がよくこんな「グズグズ」に巻き込まれます。早く帰って家事をしたい。でも、消防車が好きなこの子に消防車を見せてやりたい。でも、気がすむまで待ってたら遅くなりすぎる。でも、見たいっていう気持ちも分かる。でも……お母さんのこころの中が、Ａちゃんの「グズグズ」と連動しているんですね。

では、このようなお母さんは、いけないのでしょうか？　もちろん、そんなことはありません。

子どもがグズグズ言おうがなんだろうが、自分がしなくてはいけないことを断固としてする、揺れないお母さんもいると思います。お母さんの決意が固いので、子どももグズグズ言わずについてくるようになるでしょう。そんなお母さんだったら、そもそも保育園の帰りに消防署へ寄ろうとはしないかもしれません。

ただし、気をつけなくてはいけないことがあります。子どもの繊細なこころの部分を感じられなくなったり、無視したりすることがあるからです。その結果、コミュニケーションエラーが発生する可能性もあります。

Aちゃんのお母さんのような、ふたつの気持ちで揺れることはよくあることで、それを止めようとか思わなくていいのです。ただ、自分がそんな状態になったことに気づいたときに、どうするか「決める」だけでいいのです。

さて、Aちゃんの「グズグズ」がなくなった理由、分かりましたか？

はい、お母さんが「決めた」から。正解です。

そして、Aちゃんの本当にしたいことをさせてあげたこと。結果として、お母さんもAちゃんも、どちらもが満足するような行動になりました。

お母さんが「決めた」のは、どんなことだったか振り返ってみましょう。

Aちゃんの望みどおり消防車を見せる。そして、見たら、帰る。

そう決めたのです。そして、そのとおり行動しました。シンプルに決めて行動することで、お母さんの「葛藤」も、子どもの「グズグズ」も、なくなっていくのです。

そして、もうひとつ気づくことがありますか？

それは、Aちゃんの望むことと、お母さんの望むことは、決して反対のことではない、ということです。

心理学では、この「望むこと」を「肯定的な意図」と呼んでいます。どんな否定的な行動にも、必ず「肯定的な意図」がある、というのがNLP心理学の考えです。

Ａちゃんが、いつまでも帰らないと言ってグズグズする、という一見否定的な行動の中にも、「肯定的な意図」があります。

それは、「消防車を見たい」という気持ちです。

お母さんはＡちゃんに「消防車を見せてあげたい」わけですから、ふたりの「肯定的な意図」は一致しています。

どちらも満足する結果をつくるのは、難しいことではありません。分かってしまえばカンタンな仕組みですね。

やめてほしい行動の理由を質問するのは、禁止！

子どもの「グズグズ」に出会ったとき、私たちは、「どうして帰りたくないのか」と子どもに聞いてしまいがちです。

「どうしてグズグズするのか」「どうしてお母さんの言うことが聞けないのか」「ど

うしてわがままばかり言うのか」

そんな質問の答えが、ほんとうに欲しいのでしょうか？

違いますよね。

ほんとうに欲しい答えが返ってくるような質問ができるようになるといいですね。それにはコミュニケーションの力が必要です。

でも、その力がつくまでは、「望ましくない行動の理由をたずねる質問は、禁止！」でお願いします。

その質問をすることで、「望ましくない行動をする理由」を脳が検索してしまうからです。

これは、本人の意思と無関係に、脳が自動的に検索してしまうのです。その結果、「望ましくない行動」を強化・促進してしまうことになりかねません。

やめてほしい行動について、理由を質問するのは逆効果なのです。

この逆効果になる質問、もうすでに、やっているかもしれません。ちょっと点数化してチェックしてみましょう。

あなたがしてほしくない、もしくは、してほしいのに子どもがしない、子どもの行動を書き出してみましょう（上位５つ）。

1.
2.
3.
4.
5.

そして、その行動を「どうして、○○するの？」、もしくは「どうして、○○しないの？」と疑問文にしてみてください。いつも話をするような表現にしてくださいね。

1.
2.
3.
4.
5.

その質問をどれくらいの頻度で口にしているか、振り返ってみてください。

毎日＝5点　週に2、3回＝4点　月に2、3回＝3点　半年に1、2回＝2点
思うだけで口にしない＝1点　思わない・考えたことがない＝0点

総合計が16点を超えたら、その質問によって「望ましくない行動」が強化されている可能性があります。その質問をすることをやめるだけで、「望ましくない行動」が減る可能性もあるということです。やってみる価値はありそうですね。

2 遅れてやってくるグズグズ

朝グズるようになったのは、「甘え」でも「なまけ癖」でもない

お母さんと子どもとの間にはいろんなことがあります。もっと小さな小さなことが積み重なって、「グズグズ」というかたちになっているケースがあります。

もうひとつ、具体的な例を見てみましょう。

Bちゃんは、小学校の1年生。下に幼稚園の年中さんの弟がいる長女です。

今年小学校に入学したのですが、幼稚園のときからお母さんと一緒にいろいろ準備してきたので、小学校には初めから順調になじめていました。お勉強もお友だちとの関係もうまくいっています。お母さんもほっとしていた矢先の5月の連休明

け、グズグズが始まったのです。

まず、朝が起きられません。何度か起こしてやっと起きてきますが、ぼーっとして支度をするので時間がかかってしまいます。

学校に遅刻するほどではありませんが、一緒に行くお友だちを待たせることになってはいけないので先に行ってもらい、結果としてお母さんが送っていく、ということになっています。

Bちゃんは幼稚園のときでさえ、きちんと起きてひとりで準備もできていたので、お母さんはわけが分かりません。いったん登校してしまえば、学校では元気に楽しそうにすごしている様子です。

このグズグズ、あなたには、どんなふうに見えますか？

できるはずのことをしない、なまけ癖がついた。

または、お母さんの手を取りたがる、困った子、わがまま。あまえ。

そんなふうに見えたり。

お母さんの関心がうすいので気を引こうとしているのだ。お母さんはもっと関心をもってやるべきだ。

そんなふうに見えたりしますね。このお母さんも自分のやり方がまずかったのかと思って自分を責めたりしていました。

このお話を聞いていて連想するのは、「スイッチバック」という言葉です。高い山を登っていく列車があって、直線では一気に登れないので、切り返しをしてジグザグに登っていくのです。切り返しをしている間は、後退しているように感じます。私は子どもの成長も、そんなものかな、と思うのです。

幼稚園、小学校、中学校と年齢が上がり、からだが大きくなるのと同じように直線的に成長していく、と私たちは期待しがちですが、実はそうではないのです。できていたことができなくなったり、分かっていたことが分からなくなったり、そしてまたそれを越えて行ったり。子どものときは行ったり来たりするものだと思ってください。そうやって考えてみると、Ｂちゃんのグズグズはどんなふうに見えてくるでしょうか。

高い山を登ろうとしてがんばっている、Bちゃんの姿、見えてきますか?

小学校という新しい場所で、新しい先生やお友だちの中で、毎日新しいことにチャレンジしているBちゃん。きっといっぱい緊張しているでしょう。お姉ちゃんだから、とか、ちゃんとしてほしい、という有言・無言の期待の中で、「イヤ」とか、「できない」とか言えなかったのかもしれません。それはもしかしたら、今だけでなく、小さいときからずっと続いてきていたかもしれませんね。

今やっと、「グズグズ」というかたちで、それを表現できたのかもしれません。この「グズグズ」は、小学校の1年生の「グズグズ」ではなく、もっともっと小さいころのAちゃんの「グズグズ」です。

たとえば、Bちゃんに妹ができて、お姉ちゃんになったばかりの3歳ごろだと思ってみてください。

下の子が生まれ、お母さんが手が離せないことは3歳児にも分かります。だから、してほしいけれど、がまんしていたことがたくさんあります。そして、「今なら、大丈夫」と分かっているのです。今なら、お母さんに余裕がある、と分かっているから「グズグズ」しているのですね。

「困ったことだ」と判断するのではなくて、「今、取り返しているのだ」と思ってください。小さいころにがまんした分を取り返しているのです。

でも、お母さんはがまんさせたことについて罪悪感を持たなくていいんですよ。お母さんはそのときできるせいいっぱいをやったはずです。そのことを無意識に分かっているから、子どもはがまんしたのです。

Ｂちゃんの中の、３歳のころのＢちゃんが、十分満足したら、自然に「グズグズ」は完了します。

できれば、Ｂちゃんとお母さんと、二人の時間をつくりましょう。お父さんなどおうちの方に協力していただいて、ちょっとだけ、二人の時間をつくります。Ｂちゃんをだっこしたり、頭をなでたり、手をつないでお散歩したり。そんなボディタッチとともに、言葉もかけてくださいね。

「Bちゃん、大好き」
「Bちゃん、かわいいね」
「Bちゃん、だいじだよ」

3歳のころのBちゃんに、言ってあげたらよかったなと思うことを言ってください。

小さいころは、「かわいい」「大好き」「だいじ」という存在そのものを承認する言葉を言っていたはずです。何かできるとか、お手伝いしてくれたという能力や行動ではなく、子どもの存在そのものを承認する、そんな言葉を思い出してくださいね。

Bちゃんの小さいころの写真を出して一緒に見ましょう。

小さいですね。かわいいですね。Bちゃんの小さいころの話を一緒にしましょう。

どこに行きましたか？ どんなおもちゃで遊んでましたか？ 何が好きでしたか？ そうやって、お母さんも一緒に時間を取り戻しましょう。

お母さんと一緒の時間を取り戻すことで安定する

多くのお母さん方が共通して持っている罪悪感というのがある、と私は思います。それは、下の子が生まれたときに、上の子にがまんをさせた、という罪悪感です。

もし、子どもがひとりだけなら、がまんさせなくてすんだはずです。三人きょうだい以上の場合は、とくに一番上の子どもに、がまんさせているはずです。下の子をかわいがってあげながら、上の子のこの時期はそんな余裕はなかったなあ、と振り返るお母さんが多いでしょう。一番下の子どもは、そのがまんはせずに、大きくなるんですからね。

そして、お母さん自身も、「できるなら、もっとかわいがってあげたかった」「もっとかまってあげたかった」という後悔のような思いがあると思います。

先ほどのBちゃんの「グズグズ」のようなチャンスがあれば、ぜひ、その思いを昇華させてくださいね。これは昔を懐かしがるとか、昔できなかったことが悪いなどという意味ではありません。「こうしたかったのに」という罪悪感や後悔の思いが、今現在や未来に影響を及ぼすことを防ぐということです。

過去の未消化の感情は、良くない影響を今に持ち込みます。今のことは今のこと。過去のイヤな感覚や感情とは切り離して感じられるようになるといいですね。あのときはあのときで、せいいっぱいやった。そして、今も、今できることをせいいっぱいやればいいだけです。

Bちゃんのような、しっかりした、あまりわがままを言わないタイプの子どもが急にグズグズしだした場合は、お母さんと二人だけの時間を持つことで安定してくるはずです。少し大きくなってからも、定期的に「デート」するのもいいですよ。

3 気分が乗らないグズグズ

まずは、「心のハードル」を低くする

Cちゃん、10歳の女の子です。幼稚園のころからピアノを習っているのですが、毎日の練習ができません。先生からもさんざん注意されているので、お母さんも気にしています。学校から帰ったらすぐする、とか、晩ご飯の前に必ずする、とか、いろいろ工夫しても、どうしても続かないのです。

「やる気が出なかった」というCちゃんの言い訳に、「もうピアノ、やめてもいいのよ」とお母さんは言うのですが、Cちゃんはピアノが好きで、やめさせないでほしいと泣きながら訴えます。

「それなら練習しなさい、おうちで練習しないとうまくならないということ、知ってるでしょ?」

もちろん、Cちゃんは知ってます。ピアノ教室の日、先生に叱られます。1週間に一度もピアノをさわってなくて、前の日の晩にお母さんに怒られながら練習しただけですから、前回注意されたことが直っていません。

「ああ、練習しておけばよかったなあ」と思うのです。そして、お母さんとも先生とも、「毎日練習する」と約束しますが、何日も続かない。その繰り返しです。

Cちゃんは、ほんとうはどうしたいのでしょうか。ピアノが好きで、ほんとうは毎日練習できたらいいなあ、と思っているようです。

したいのに、しない? したいのに、やる気が出ない?

ヘンな話です。理解しにくいですよね。どうしてこのようなことが起こるのでしょうか。

それは、Cちゃんが「ピアノの練習をする」こと自体に大きなハードルがある、と感じているからです。

大きなハードル、つまり、「ピアノの練習は大切なものだ」「ちゃんとしなくてはいけない」という想いや、「ピアノの練習を毎日するのは大変なことだ」「今まで何度もしようとしたけどできなかった」……そんな経験が、Cちゃんにとってハードルを上げてしまっているのです。

だから、Cちゃんがピアノに向かうのには、「気合」や「やる気」が必要になってしまうのです。

このハードルを低くしてみましょう。そうです、まるでご飯のときにお箸《はし》を持つように、自然に無理なくピアノを弾けたらいいですね。

私たちは食卓に座ってご飯を目の前にすると、自然にお箸を持ちます。お箸を持つのに、いちいち「気合」を入れたり、「やる気」を出したりする人はいないでしょう。

お箸を持ってご飯を食べるのは、いわばフツウのこと。「毎日ご飯を食べるのは、タイヘンなことだ」とは感じてないからです。

ピアノの練習だって、「フッウ」のことにしてしまいましょう。

まず、学校から帰ったら、ランドセルを置く前に、ピアノのふたを開けます。そして、そのまま立ったままでいいのでピアノを弾いてみます。「ただいま」というあいさつをピアノにするのです。それからランドセルを置いたり、手を洗ったりします。これで、「毎日ピアノを弾く」というハードルはクリアできました。

「やる気がないと力が出ない」の間違い

Cちゃん、どうなったか知りたいですか？

学校から帰ったら、まず自分の好きな曲を弾くことにしたそうです。好きな曲を弾いたら課題の曲も弾くこともあります。練習したり、しなかったりですが、以前と比べてずっと練習量は増えました。発表会で新しいドレスを着て演奏するのを楽しみにしているそうです。そう話すお母さんもにこにこしていました。

気分が乗らないから、しない。やる気が出ないから、やめる。そのこと自体が悪いわけではありません。でも、それが習慣化したらどうなるか、おとなの私たちはよく知っています。気分が乗るか乗らないか、やる気が出るか出ないか、そのことと「行動すること」とは、分けて考えるようにしましょう。

私自身のことを言うと、実は、「気合」で人生を乗り切ってきました。受験勉強も、仕事で締め切りに間に合わせるときも、「ギリギリ」まで自分を追い込んだほうが、自分は力が出る、と思い込んでいたのです。そんな人、多いかもしれませんね。

その結果、繁忙期には頭に円形脱毛症が出たり、栄養ドリンクを飲みすぎて気分が悪くなったり、カフェイン中毒になったりしていました。でも、それが一番いい方法だと思い込んでいるから、やり方を変えません。

そんなときに、私のやり方を見直すきっかけになったのは、実は次男です。次男は大学受験に落ちて、1年間、家で浪人をしていました。予備校に通う以外は家にいるので、次男の様子をよく観察することができました。それまでは三人きょうだいの真ん中、あまり注目してなかったということかもしれません。スゴイ発見がありました。

次男は、毎日同じように行動するのです。模試の前だろうが、日曜日だろうが、関係ありません。勉強量も同じ。テスト前だからといって「がんばった」りしないのです。

いつもと同じように、淡々と勉強しています。「さあ、勉強するぞ！」とか、「気合入れて始めるぞ！」とか、聞いたことがありません。模試の成績が悪くても落ち込まず、良くても浮かれすぎません。ご飯を食べるときと、勉強机に向かうときと、まったく同じ「フツウ」さです。鉛筆を持つのも、お箸を持つのも、同じ精神状態なんだ！　私は目からウロコが落ちる思いでした。

次男は、テストを受けるときに緊張したことがないそうです。きっと試験会場でも、お箸を持つように「フツウ」に受けていたはずです。

私は、やる気があったりテンションが上がるのがよくて、そうでないと力が出ない、と思い込んでいましたが、**心理学では余計な緊張がないほうが集中できる**ことが分かっています。

それを知っているのに、自分の経験を優先していたのです。それは、自分の経験が成功体験だったからです。受験や繁忙期という一時的に力を出すときに使った方法が、いつでもどこでも最善だと思い込んでしまったのです。あのまま仕事をしていたら、きっとどこか、からだを悪くしたり、早く老けたりしたに違いありません。

気分が乗らない。やる気が出ない。それをどうにかしなくて、いいのです。どうしたら行動できるのか、を考えましょう。ハードルを下げるには、どうしたらいいか、です。

親や指導者も、行動しない子どもを見て、「やる気のない子ども」「根性のない子ども」というレッテルを貼るのはやめましょう。

行動とやる気は別物です。肝に銘じましょう。

4 言いたいことが言えないグズグズ

言葉で表現できないから、泣いたり暴れたりするんです

言いたいことが言えないことによる、グズグズというのもありますね。

グズグズしたり、泣いたり、暴れたり、騒いだり。小さい子どものころは言葉で表現する力がないので、この「グズグズ」、多いと思います。

しかし、少し大きくなってからもあります。ウチの長男は5年生くらいのときでしょうか、部屋で大暴れをしたことがあります。何かよっぽどイヤなことがあったのか、物に八つ当たりをして暴れていたのです。投げても壊れないようなものを投げたと思いますが、部屋はグチャグチャ、本人も手足が痛かったりしたようです。

落ち着いてから、赤くなった長男の手をさすりながら話をゆっくり聞いたのですが、結局のところ、何がイヤなのか、何が言いたいのかは、よく分かりませんでした。本人にもはっきりとは分からない。だから暴れたのだと思います。

何が言いたいのか、分からない。何がしたいのか、決められない。

でも、なんだか、もやもやする。

一般に男の子は女の子よりも言語の発達が遅く、自分の感情や状態を言葉にして表現するのが苦手と言われています。その分をからだを使って表現することもあるかもしれません。

小さい子どものころならともかく、小学校に入って集団行動をするようになってから、こうした「グズグズ」が出てきたら、どうしましょうか。

大切なことが、ひとつあります。それは、**この「グズグズ」はコミュニケーションのひとつだと認識することです。**

言いたいことが言えない代わりに「グズグズ」するわけですから、「グズグズするな」は禁句です。

言いたいことは言えない、グズグズもできない、では逃げ場がありません。子どもは自分は理解されない存在として感じますし、その結果、子どものこころは閉じてしまいます。こころの閉じた子どもとコミュニケーションを取ることはできませんね。

★お母さんは、ただ「気持ちを受け取るだけ」でいい

さて、「グズグズするな」と言わずに、グズグズをやめさせるためには、「待つこと」が有効です。

子どもがグズグズをやめるまで、待つ、のです。

子どもは、お母さんが自分を理解しようとしてくれる、と感じたら、グズグズをやめます。そして、理解してもらいたい、理解したい、その想いが伝わることが大

切です。完全に理解はできなくても、いいのです。

じゃあ、具体的にどうしたらいいのでしょうか？

言いたいことが言えないために起こる「グズグズ」、小さいころはだっこして、「よしよし」としてあげたら収まりませんでしたか？　基本的にはそれと同じです。

小さいうちなら、だっこして「よしよし、言いたいことがあるけど言えないんだね」としてあげればいいのですが、大きくなってからは、だっこもできませんし、思春期だと「よしよし」しても、「赤ちゃん扱いするな！」と逆ギレされるかもしれませんので、心の中で、ですよ。

そうすると、お母さんの中でイライラが収まってきます。これが大事ですね。子どもがグズグズ、お母さんがイライラ。この連鎖をまず止めるのです。

子どもが自分の中を整理して、どうしたいのかを言えるようになるのを待ちます。そのもやもやだったり、何が言いたいのか自分でも分からないいらだちを感じていることも、それを越えようともがいているのも、少し感じながら待てるといいですね。

言いたいことを聞き出して、どうにか解決してあげようとしなくていいのです。

言いたいことがあって、それが表現できなくてもどかしい。その気持ちを受け止めてあげるだけで、いいというわけです。

そのもどかしさ、気持ち悪さを解決するのは、子ども自身の仕事です。お母さんが代わりにしてあげなくていいのです。だって、子どもの気持ちですもんね。

もし、お母さんに話を聴いてあげるゆとりやスキルがあって、子どもも話をしたそうだったら、話を聴いてあげるのはいいことです。でも、子どもの気持ちをすっきりさせたり、問題を解決するのは、子ども自身です。

ちょっと納得いきませんか？

夫婦の会話で、こんなこと、よく聞きませんか？

奥さんはだんなさんが仕事から帰って来ると、今日あったことをいろいろ話そうとします。だんなさんは疲れていますが、夫婦のコミュニケーションを大事にしているので、奥さんの話を聞こうと努力します。

奥さんは子どものこと、近所のこと、お姑《しゅうとめ》さんのこと、もやもやしていることを話しますが、どうもすっきりしません。だんなさんは一生懸命に聞いてはくれるのですが、「それはこう考えればいい」とか「それはこうすればいい」とか、「それができないのは、お前の努力不足だ」とか、そんな流れの会話になってしまうのです。

「だって……」。奥さんはつらい気持ちになって会話は途中で終わります。そして何日かたつとまた奥さんは話したいことがたまって、だんなさんに話を始めます。

なぜ、奥さんはつらい気持ちになってしまうのか、分かりますよね。

奥さんはだんなさんに問題の解決策を教えてほしいわけじゃないんです。ただ聞いてほしいだけ、受け取ってほしいだけ。そうそう、そうでしょ？

子どもだって同じです。ただ受け取ってほしいだけ、です。

お母さんは、子どもの気持ちをどうこうしてあげなくて、いいんです。子どもがどうにかしたい、と決めたら、それをサポートすることはできます。でも、それ以前の未分化なままの気持ちをどうにかしてあげることは、誰にもできません。

子どもには自分の問題を解決できる力があります。その問題を解決するためには、もどかしかったり気持ち悪かったりする、その気持ちを感じる必要があるのです。


どうしてグズグズするのか聞いてもダメ、グズグズするなと禁止してもダメ。

それなら、いつまで待ってたらいいの？


子どものグズグズに、まったくイライラしないお母さんなら、いつまでも平常心で待てるはずです。私はそこまで人間ができていませんでしたから、こう言っていました。

「どうするか決まったら、教えてね」

「落ち着いたら、言ってね」

そんな感じです。もちろん、あなたは自分で決められる、あなたは自分で落ち着くことができるという、お母さんからのメッセージが込められてるんですよ。

5 周りの目を気にするグズグズ

「自分からすぐ動けない」問題

人の出方を待ったり、様子を見たりする「グズグズ」があります。

おとなでも、ほかの人がどうするかが気になって、自分ではこうしたいというのがあるのに、すぐに行動できないことは意外に多いのではないでしょうか。

日本人は自己主張をするよりも周りに合わせる能力を高く評価しがちです。周りの人に合わせることは大切なことではありますが、それが行きすぎて自分から行動できなかったり、したいことができず、周りの様子を見てからでないと動けないというのも問題です。

具体的に、どんな問題になるのでしょう。

たとえば、授業参観のとき。わが子が手を挙げて発表する姿を親は見たいし、先生も見せたい、と思います。ところが、答えが分からないわけでも、意見がないわけでもないのに、手を挙げようとしない子が、やはり、どのクラスにもいます。誰も手を挙げず、先生が困って、「○○さん、どう?」と聞くと、ちゃんと答えられるのです。

クラス委員や班長を選ぶときも、自分から立候補する子は少なく、クラス経営をする担任の先生の悩みの種となっています。

自分がこうしたい、というのと違う意見が出ても、反対の意見を言うことはしません。

でも、自分の意見とは違うので、すんなりそのとおりに動くこともしません。それはイヤだと思っているので、積極的に行動できないのです。内側には反発心があります。

自分が意見を言わないのなら、意見を言った人に協力すればよさそうなものですが、そうそう素直にはなれないのです。

家庭でも、同じことが起こっているようです。なんだかグズグズして、ちっとも動こうとしない。いつまでもお風呂に入ろうとしない。宿題にも取りかからない。お母さんが怒って、「もう、いい加減にしなさいよ！」と言うまで動かない。

そう、これも、同じ原因で起こってきているんですよ。

えっ、言うとおりにしないので、困ってるんですけど、ですか？

ちゃんと、お母さんの顔色を見てませんか？　それは、お母さんを判断基準にして行動しているということなのです。

小さい子どものころは、周りの目なんて気にせず、したいようにしていた子どもたちが、保育園・幼稚園に入り、集団行動をするようになると、それを制限されてきます。

「みんな、がまんしてるよ」とか、「誰もそんなことしてないでしょ」などと、お母さんに言われるようになったりします。

また、人と違うことをすると怒られる経験をしたりすると、自分のしたいことではなくて、周りから許される行動を選択するようになってしまうのです。

自分がしたいことを抑制できる子どもがいい子として評価され、みんなと違うことをしたいという子は、「わがまま」「困った子」と評価されがちです。

集団行動をさせるにあたって必要なことは、みんながそうしているからそうしなくてはいけない、ではなく、なぜ、ここでそうするのがいいのかを教えていくことです。

当然分かりきっている？　でも、そうしていません。なぜでしょうか。それは、「みんながしているのに、しないのはダメだ」って思い込んでいるからです。

「みんながしないことをするのは、恥ずかしい」って感じているからです。それは、親や指導者がそう思い込んでいるのです。心の中でだけでなく、実際に言葉に出して言っていることも多いです。

人と違っている、という理由で怒られた経験のある子どもは、自分がどうしたいのかを考える前に、みんなはどうしているのかを観察するようになります。

また、おとなが決めたとおりにしないという理由で怒られた経験をすると、自分がやっていることがいいことなのかどうか、親や指導者の顔色を見るようになります。

自分の行動がいいことなのか、そうでないのかを周りを基準に判断するようになるのです。

見た目は周りに合わせて行動をしていますが、**自分がしたいことができない、許されないという気持ち、自分の意見や考えが尊重されていないという気持ちは、やがて反発心としてあらわれます。その結果、親や指導者が望ましいと思う行動を取らない、というわけです。**

そのあらわれかたのひとつとして、「グズグズ」になることが多いのです。

親や指導者に真正面から反抗していくことができない場合、まず行動の遅延が起こります。

それから、望まれていることと微妙に違うことをするようになります。積極的に動かなくなり、はっきりとした意見でなく、不平や不満を言います。直接にではなく、独り言のように言ったり、周囲の仲間にもらしたりします。でも、まったく行動しないわけではない。これが特徴です。

「言われたとおりにやらない」のは大事な成長のステップ

具体的な例で見てみましょう。

Dくん、5年生です。地域の野球チームに入っています。お父さんも若いころは野球をやっていたので、Dくんは小さいときから練習して、かなりうまいほうです。来年度は主力メンバーに選ばれるだろうと、監督やコーチにも期待してもらっています。

しかし、最近どうも練習に身が入っていません。もっとチームを引っ張るような行動をしてほしいと監督から注意され、お父さんからも励ましてもらっていますが、ピリッとしない様子です。ときどき練習に遅刻してきたり、お腹が痛くなったりして休んだりもするようになりました。

お母さんにはちょっとだけ、本音を話してくれたそうです。

ボクな、なんで野球やりよるんやろって思うんや。なんで野球、始めたんかなあって。

お母さんは、「おまえが甘やかすからや、根性がない、とお父さんに責められるんです」とおっしゃいます。

Dくんは、末っ子で素直な性格ですから、はじめのうちはお父さんにほめられたり、うまくなるのが楽しくて練習していたはずです。でも、いつの間にか要求されること、期待されることが増えてきて、ちょっと立ち止まっているところかなと思います。

ここは実に大切なポイントです。ここで無理やりやらせようとしても、もう子どもは動きません。子どもは、疑問を持ったからです。「なぜ自分はこれをするのか」という疑問です。

今まで、言われたからしてきた、言われたとおりしてきた。それでよかったのに、もう、「言われたからする」「言われたとおりにする」のではダメだと気づき始めたのです。

今の状況は決してマイナスの出来事ではなく、Ｄくんがひとつ段階を越えるために必要なステップです。スポーツでも、習い事でも、勉強でも、必ずやってくるステップです。

やれば誰かにほめられる、やらないと誰かに叱られる、だからやる、という動機では、もうその先へは進めないのです。言い換えれば、その先へ進みたいとＤくんは潜在的には思っている。だから、「なぜ、自分はこれをやるのか」という疑問を持ったということです。

周りが求めているから、今までそうしてきたから、そうしないと怒られるから、みんなそうしているから、そうするべきだから、ではない、「なぜ、自分はこれをするのか」という疑問を持ち始めること、それ自体が素晴らしいことです。

すぐに答えは出なくても、その疑問を持ちながらも、やり続ける人がその先へ行けるのです。成長のための大切な時期なのです。お母さんが甘やかしたからじゃないですよ、とお母さんにお伝えしました。

そして、お父さんとは違うスタンスでDくんを見守っていこうということにしました。それは、Dくんが野球の練習に行けないときも、Dくんはちゃんと精神的に成長しているのだと理解し、それを応援する立場です。

そして、仮に野球をやめてしまったとしても、その精神的な成長は、人生において決して無駄にはならないということですね、とお母さんはうなずいて確認されました。

6 気持ちを切り替えられないグズグズ

泣いているわが子にイライラしてしまうのは「お母さんの証拠」です

「いつまでも、引きずってしまうんです」

と、Fちゃんのお母さんは言われます。Fちゃんは、10歳の女の子です。できなかったことがあったり、怒られたりすると、いつまでもグズグズ泣いたりして気持ちを切り替えることができないそうです。対照的にFちゃんのお母さんは、済んだことは済んだことと思える性格だそうです。

「泣いててもしかたないでしょ、と言っても、いつまでもグズグズしてて、うっとうしいというか、腹が立ってきちゃって」

と、怒られて、Fちゃんはますます泣いてしまうことになります。自分が怒って泣かせたんですけど、Fちゃんが素直じゃなくて、かわいくないなと思うんです。下の男の子は何があってもけろっとしているのに、とお母さんはおっしゃいます。

どうでしょうか。Fちゃんが気持ちをなかなか切り替えられない状況、見えてきますか？

そうですね。Fちゃんだけの問題ではなさそうです。

これは、家族のように親密な人間関係の中でよく起こる現象です。簡単に言うと、複数の人の間で「感情の伝染」が起こっているのです。

Fちゃんが泣いている、なにか悲しかったり、悔しかったりしたのでしょう。その姿を見て、お母さんの中に、なんらかのネガティブな感情が呼び起こされます。

お母さんはそのネガティブな感情をしっかり自覚することなく、怒りというかたちで表現します。怒りという増幅されたネガティブな感情を受けて、Fちゃんはますますネガティブな気持ちになりますね。

そのFちゃんを見て、またお母さんがネガティブになります。ネガティブな気持ちをやり取りしてドンドン悪いほうへ循環していっているのが見えてきますか？

Fちゃんが気持ちを切り替えようとしても、ひとりではできないほど強力な循環です。


気持ちを切り替えられない、というのは、おとなでもよくあることです。「さあ、切り替えましょう！」と思っても、気がつくと、いつの間にかそのことを考えてしまうことって、ないですか？

ぼーっとしてると、言われてイヤだった言葉、しでかした失敗、恥ずかしい思い、こんなふうにすればよかった、こんなふうに言い返したかった。そんなことが頭の中によみがえってきて、ぐるぐる回るときって、ありますよね。

ネガティブな感情が増幅してきて、怒りが湧いたり、逆にもうどうでもいいやと無力感にとらわれたり、人を責めたりします。

もう済んでしまったことで、いまさらどうにもできないのに、もやもや、なんだかイヤな気持ちがずっとくすぶっている。そんなことをまったく感じずに生きている人はいないでしょう。

そんな悪い循環を、人との関係でもつくることが、よくあるんです。先ほど言ったように、家族、とくにお母さんと子どもとの関係ではそれがよく起こりがちです。

よその子どもが泣いていても冷静でいられるのに、自分の子どもが泣いていたら冷静ではいられません。それは、お母さんが子どもを守るため、育てるために必要な感覚であり、感情として持っている能力です。

子どもが泣いている姿を見たり、声を聞いたりしたら、お母さんには、どうにかしなくては、という気持ちが起こるようになっています。危機を回避するために起こる気持ちですから、ネガティブで強い感情です。それはずっと昔から、命をつなぐために、お母さんに与えられた能力です。もしそれがなかったら、人類はとっくの昔に死に絶えていたはずです。

「ネガティブな感情の意味」に気づくと、振り回されなくなる

Fちゃんのお母さんのように、**泣いているわが子を見てネガティブな感情が立ち上がってしまうのは自然なこと。言い換えれば、「お母さん」の証《あかし》です。**

そのネガティブな感情の元を分析すると、「泣いている、どうにかしなくては」「でも、どうにもできない」……その葛藤から起こる不快感です。

小さいころは、泣いているわが子を守り育てるために必須だった感覚・感情なのですが、子どもが大きくなるにつれ、だんだんその感覚・感情と、実際の行動とを分けるようにしなくてはいけません。

小さいころは、お母さんがお世話をしてくれなかったら生きていけなかった子どもも、だんだんと大きくなり、お母さんから独立した、ひとりの人間になっていきます。お母さんがにこにこ、よしよししてくれたら、それだけで幸せいっぱいだったころと違って、子どもが自分でなんとかしなくてはいけないことが増えてきます。

お母さん側からすると、自分が子どもを幸せにすることができなくなってしまう、自分の影響力や価値が下がってきてしまう、という感覚になります。それは実は、とても、とても不快な感覚です。

その不快な感覚を味わいたくない。だからFちゃんのお母さんは、怒ることで解消しようとしているのです。メカニズムが見えてきたでしょうか。

ということで、Fちゃんのお母さんは、Fちゃんがグズグズしていたら、その場を離れて気持ちを落ち着かせることにしました。Fちゃんのグズグズは Fちゃんの気持ち、お母さんがどうこうしなくてもいい、どうこうすべきものでもないのです。

お母さんはお母さん自身の気持ちと、Fちゃんの気持ちを分けて、不快な気持ちを怒りで表現することをやめます。そして、お母さんがどうこうできることで、しなくてはいけないことをすることにしました。

それは、片づけ、だそうです。無心になべを磨いたり、トイレ掃除をしたりする間に、気持ちが切り替えられていくのが分かるようになっているそうです。そのあとで声をかけると、Ｆちゃんも笑顔になっていることが多いようです。なべも、やかんも、トイレもピカピカです。いい感じですね。

ネガティブな感情を、ダメなもの、いけないものだと考えると、そのネガティブな感情がなくなるかというと、なくなりません。抑圧されて、感じられないようになるだけです。

そして、ネガティブな感情がなんのためにあるのか、というと、生存に関わる重要な局面を乗り切るために、人類が必要としてきたからなのです。人が生きるために大切なサインを送ってくれているのです。このサインを抑圧して感じなかったら、生存の危機に陥ることもあります。過労死というのは、このサインを無視して働き続けた結果起こると言われています。

子どもがグズグズしていたら、反射的に起こってくるお母さんのネガティブな感情。それにも大切な意味があるということを知っておきましょう。そして、その正体を把握しておいたら、やたらに振り回されることも少なくなる、ということも。

7 したいことがほかにあるグズグズ

宿題をさっさとやらずに遅くまで起きている子の「本音」

　ここでは、「肯定的意図」について、もう少しお話ししておきましょう。

　前に出てきた、Aちゃんとお母さん、覚えてますか？　消防車の好きなAちゃんと、そのお母さんです。Aちゃんに消防車を見せてあげたい、という気持ちと、早く帰ってご飯をつくりたい、という気持ち、ふたつの気持ちがあると、人間は不安になったり、イライラしたり、行動が止まるというお話をしましたね。その「葛藤」を解消するためにはどうしたらいいか、というと、どちらかに「決める」ということで解消します、とお伝えしました。

ＮＬＰ心理学の考え方では、どんな行動、どんな感情にも、「肯定的意図」があるのだと考えることになっています。

これは、そんなふうに捉えると物事がうまく運ぶので、そうしてみたらどうですか、という提案です。どんな否定的な行動、どんな否定的な感情にも「肯定的意図」があると考えると、自分のこころの中の見たくないもの、イヤな感じのするものに向き合いやすい、ということです。

自分のこころの中に、見たくないもの、許せないものがあると、自分に対して否定的になったり、他人に対しても許せない部分が出てきたりして、人間関係をうまく構築することができないということが起こりがちです。

ここはぜひ、ＮＬＰの考え方を取り入れて、「肯定的意図」を考える習慣を身につけてしまいましょう。

必要以上に人を悪く思ったりせず、自分も責めず、他人も自分も大切に尊重しながらコミュニケーションを取ることができるようになります。

ちょっと練習しましょうか。

Gちゃんは小学3年生の女の子です。なかなか宿題に取りかからず、毎日寝るのが遅くなって、最後には早く寝なさいと怒ってしまうのがお母さんの悩みの種。平日はお母さんの仕事の都合もあり、夕食は早くても7時半くらいです。それからお風呂に入り、9時半に寝ようとすると、宿題は夕食前にすませておきたいところです。分かっているのに、それがなかなかできません。

今日もお風呂のあと、宿題をしています。終わってからも遊んでいて、すぐに寝ません。9時半に寝る予定が10時になり、10時半になると、お母さんの気持ちもいらだってきます。早く寝なさい！　と毎日言う、の繰り返しです。

宿題をさっさとしない、夕食前も夕食のあとでも、遊ばずにすぐ取りかかればいいのに、Gちゃんはグズグズ先延ばししている。遅くまで起きていて、なかなか寝ない。

Gちゃんの行動に、どんな肯定的意図がありそうですか？

夕食前、Ｇちゃんが何をしているかというと、お母さんに言わせると、「だらだらしている」そうです。特に何もしていない、だらだらしているように見える、Ｇちゃんの肯定的意図を想像してみましょう。

私には帰宅したあと、ぼーっとしているウチの夫の姿が重なります。どうやら緊張から解放されて、リラックスしたいのかもしれません。学校ではお母さんの思っている以上に緊張したり疲れたりしているのかもしれませんね。それとも、お腹が空いているのかもしれません。血糖値が下がると体の動きが悪くなりますからね。

どうですか、とお母さんに聞いてみました。

お母さんも、帰宅したら、ぼーっとしたいそうです。お腹が空いて血糖値も下がっているけど、ご飯をつくらなきゃ、と思ってがんばってる、そうです。Ｇちゃん、夕食前に宿題するときもあるんです。そのときは、がんばってるんですね。お母さんはそう話をされました。

お母さんは、がんばれないときはどうしてるんですか？　と聞いてみました。お母さんはいつもがんばっているそうです。晩ご飯だけはちゃんとしたものを食べさせようと決めているそうです。

ああ、そうなんですね。だから、Ｇちゃんは夜遅くなっても宿題してから寝るようにしてるのかもしれませんね。

するとお母さんが、ふっと、家で遊ぶ時間があんまりないから、早く寝たくないのかもしれません、とおっしゃいました。

それかもしれませんね。

どうですか、肯定的意図、いい感じでしょ。

だらだらしてるだけ、グズグズしてるだけ、と思っているよりも、子どものいい面、いい思いが感じ取れませんか？

「葛藤」の解消方法は、「決める」ことだと言いました。どちらかに「決める」のです。そして、どちらに決めてもいいのです。

なぜなら、どちらにも「肯定的意図」があるからです。何をしても、何を選んでも、自分は自分のしたいことを選んでいる、ということです。そして、自分が選択した行動に、どんな肯定的意図を持たせるかで、人生は変わってきます。

★こう考える習慣で、子どもを見る目が変わる！

だらだらしている、のではなく、リラックスしている。

グズグズしているのではなく、血糖値をこれ以上下げないようにしている。

宿題を遅くまでやるグズな子ども、お母さんの言うことを聞かない頑固な子ども、ではなく、遅くなっても宿題をやりとげたいと思っている子ども。

早く寝ない子どもではなく、家でもっと遊びたいと思っている子ども。

自分のことも、子どものことも、そんな肯定的意図を見出そうとしてみてください。だらだらしたりグズグズしてることを責めても、元気は出ません。自分のことも、子どものことも、元気を出せるように応援していきませんか？

そして、ほんとうにしたいことができるようになったらいいと思いませんか。


私たちは「したいけど、できない」ということがあると、ストレスを感じます。「したいこと」の多くは、あたまが理性的に判断した、「したほうが望ましいこと」です。

たとえば、私の場合はダイエットです。あと5キロ、いや、3キロ痩せたら、もっと洋服がかっこよく着られるかもしれません。身軽に動けるかもしれません。でも、人間はあたまだけでできているのではありません。からだやこころにも、それぞれ「したいこと」があるのです。

からだの声を聞くと、「そのときに食べたいものを食べたい」と言っているようですし、こころの声を聞くと、「これ以上ストレスを感じるのはゴメンだ」と言っているようです。この、からだやこころの声を無視してダイエットを強行しても、いい結果にはなりません。ダイエットが失敗しやすい理由です。

複数の相反する肯定的意図が、ひとりの人間の中にあるのですから、不快な気持ちが起こってきたり、行動が止まるのは無理もありませんね。

それでも、あたまの考えたとおりに進めたほうがいい。あたまの考えたとおりに

進めたい。そう思うときはどうしたらいいかというと、からだやこころの「肯定的意図」も満足させるように考えて、合意を取るようにします。まるで複数の人がいるかのように交渉するのです。

「そのときに食べたいものがあったら、無理にがまんしない」とか、「ストレスに感じないような工夫をする」とかです。その中で、できるだけのダイエットをするようにします。あたまで考えただけの、合理的なダイエットより痩せるのに時間はかかるかもしれませんが、途中でやめたり、リバウンドする危険性は減るでしょう。

何を選択してもいい、何を選択しても自分のしたいことをすることになる、という立場から生きるというのは、「しなくてはいけない」「できない」「どうしたらいいかわからない」という悩みから解放されて、自由に生きることができるということです。

そして、その立場に立ったうえで、真に自分の望むことを選択できるようになるためには、「肯定的意図」という考え方が有効です。ぜひ、取り入れてみてくださいね。

さて、Gちゃん、どうしましょうか。

お母さんの言われた「家で遊びたいのに、遊ぶ時間があまりないかも」に注目して、週末の金曜日だけは、何時まで起きていてもオッケーの日、ということにしました。

どうですか？　と聞いたら、何時まで起きていてもいい、ということに覚悟を決めたら10時半には寝たそうです。お母さんも拍子抜けしたくらい、あっけなく。

＊　＊

どうでしょうか。肉体的・感情的な要因で起こる「グズグズ」、こんなメッセージを送っているんです。理解が深まるだけでも、「グズグズ」が減っていくんですよ。

でも、長い子育ての間には、子どもの肉体的・感情的な「グズグズ」に振り回されて、どうにもならない気持ちになるときもあります。振り返ってみれば私も、「何もかも放り出してしまいたい」「こんな子、私の子じゃない！」と思ったこと、何度かあります。

保育園から帰る途中、雨の降る中、水たまりの中で遊ぶと言い張る、子ども。
その子どもが雨にぬれないように傘を差しかけながら、
時間とともにドンドン重く感じられてくる両手の荷物。
雨は冷たく、空はどんより暗くて、
今日の家事や明日の仕事の段取りが、頭の中でぐるぐる回る。
「もう帰ろうよ」と言ってもまったく動かない子ども。
雨でぬかるんでいく地面。
そのぬかるみのように、ぐちゃぐちゃと沈んでいく自分の気持ち。

肉体的にも感情的にも、もうギリギリなのをこらえて踏ん張っている。子育ての間に、そんな時が一度や二度はあると思います。それでも投げ出さずに今日を過ごす、その積み重ねが子育てなんだと、子育てが済んだ今は分かります。

今ギリギリの真っ最中にいるお母さん、ひとりでがんばりすぎないでくださいね。そして、どうかお母さん自身の中にある「グズグズ」の声も聞いてあげてください。「グズグズ」のメッセージを受け取ってみてくださいね。

第2章

すぐ「できない」「無理～」と言う…

自信のなさが生むグズグズ

8 自信がないって、どういうこと？

すぐ「できない」「無理〜」と言って、やらない根本原因

第2章では、いわゆる「自信がない」ことによって行動できない「グズグズ」について、お話ししていきましょう。

私たちおとなが子どもに望むこと、分からないことは手を挙げて質問したり、お友だちの輪の中に入っていったり、新しいことに挑戦したり、積極的に行動したりする。

そんな「やってほしいこと」「望ましいこと」がありますね。ところが、「やってみようよ」と促しても、なかなかやろうとしない子どもがいます。「できない！」

「無理！」と言って、やる前からしり込みする子どもです。

やってないから、できるかできないか、まだ分からない。それなのに、「できないから」と言ってやろうとしません。

おとなになっても、「自信がない」ためにいろいろなチャンスを逃している人、多いですね。「もっと自信をつけたい」「自信さえあればチャレンジするのに」と考えている人がたくさんいます。

「自信」って、どうやったらつくのでしょうか？　そもそも、「自信」って、なんでしょう。

ひとつの例で一緒に考えてみましょう。

Hくん、8歳の男の子、一人っ子です。お父さんお母さんのほかに、父方のおじいちゃん、おばあちゃんとも同居です。初孫で、みんなからかわいがられて育ちました。素直でおとなしい性格です。

お母さんはHくんがお友だちと遊びに行くときに、あまり楽しそうでないことに気づきました。そういえば、外遊びの回数が少なくなっているようです。

気になったお母さんは、Hくんに、お友だちを家に呼んで遊んだら、と提案し、実際に近所の子を呼んであげました。そのお友だちとは仲良く遊べている様子で、お母さんはほっとしました。でも、その後もHくんはひとりで遊んでいることが多いのです。

あまり体を動かさないのを心配したお母さんが、スイミングや体操クラブに入れようとしたのですが、Hくんはイヤがります。家でゲームばかりするようになったHくんのことが心配で心配で、とお母さんが相談に来られました。

どうでしょうか。Hくんは、特に悪いことをするわけでもなく、学校の宿題もちゃんとやります。お友だちとけんかをすることもないし、学校で先生に注意されたりもしない。ただ、「元気がない」「楽しそうでない」(お母さん談)だけです。お母さんの心配は、単なる「過保護」「心配しすぎ」なのでしょうか。

そうだとも言えるし、そうでないとも言えます。Ｈくんのお母さんは、Ｈくんのことを心から愛しているし、だからＨくんの様子を見て、「このままではよくない」ことを見つけることができたのです。

同時に、お母さんがあまりにもＨくんのことを気にかけ、心配し、行動することで、Ｈくんが結果的に受け身な子どもに育っているとも見えます。

私はＨくんのお母さんに、Ｈくんがどんなお手伝いをしているか、聞いてみました。すると、Ｈくんにお手伝いを頼むことはない、ということです。

お母さんは専業主婦だし、おばあちゃんもいるので家事の人手は足りている。子どもには、お手伝いをしてもらうより、なんでも好きなことを自由にやらせたい。お手伝いさせるなんて、かわいそう。それに、私がさぼっているようで、お手伝いなんかさせられません、と話してくださいました。

私は、Hくんのお母さんに「したいこと」を見つけて、それを始める、という宿題を出しました。そのために、Hくんにお手伝いを依頼する、というのもつけました。

Hくんのお母さんは、以前から興味のあったカラーセラピーの講座を受けることにしました。その勉強時間を確保するために、Hくんには風呂掃除と玄関の靴をそろえることを依頼しました。お母さんは、必ずHくんのやったことを点検します。

Hくんはまじめな性格ですから、毎日お風呂を掃除し、玄関の靴をきっちりそろえています。お母さん以上にきれいにすることができるんです。

Hくんのお母さんに「心配度数」を聞いてみました。最初のときと、今とでどう違いますか、と。10から6に減っています。

「心配しすぎだったということですか」

「そういうことですね」

知らずに「自分は必要な存在だ」という感覚を妨げていませんか

「自信」というのは、「自分は愛されている」という感覚の部分と、「自分は必要な存在だ」という判断（思考）の部分が根元にあってできています。これが「根拠のない自信」の根っこになるものです。

Hくんは「自分は愛されている」感覚は十分にあったけれども、「自分は必要だ」という判断（思考）が十分でなかったと考えられます。自分が、家族にとって、周りの人にとって、「必要な存在である」と自分自身で思えない、ということです。

愛されてるのが分かるのに、必要でないなんて考えるんですよ。子どもってめんどくさいですね。

でも、**子どもが何かやろうとしているときに、「危ないからダメ」とか、「おまえには無理」とか、「お母さんが代わりにするから」とか、ほんとうになにげなく言っていませんか。**

その言葉や態度、行動が、「自分が必要だ」という判断を形成するのを妨げているのです。ちょっと振り返ってみましょう。

それから、子どもがどうしたいかを言う前に、親があれか、これかと選択肢を示すのも、よくやってしまうことです。

「○○にする？　それとも△△？」

子どもは親の示した選択肢の中から選ぶのが習慣になってしまいます。子どもは、親の示したものでいいのか、イヤなのかという判断しかできなくなっていきます。自分で選択肢を考えるということをしなくなる、ということです。

子どもが決めるのには時間がかかります。それを待つことができなくて、私たちはついつい口出ししてしまいますね。でも、いつもでなくてもいいんです。子どもが自分で決めることができるように、口出しせずに待ってあげる機会を持ちましょう。そして、そのときは、子どもが決めたことを尊重しましょう。自分で決められた、という事実を尊重してほしいのです。たとえどんなヘンなことを決めたとしても。

小さい子どもでも、自分で決められた、という経験は嬉しいものです。そして小さい子どもでも、自分が誰かの役に立つということに喜びを感じます。「自分は必要な存在だ」。そう思って社会に出てほしいものです。

Hくんのお母さんからお話を聞きながら、私はある女性のことを思い出しました。30代も後半で、結婚したい、家庭を持ちたいということで私たちのセミナーを受講された方です。まじめでかわいらしく、どちらかというとバリバリ仕事をするキャリアの女性というより、家庭に入ったほうが向いている感じのおとなしい方です。

どんな男性が好きなんですか、とたずねたところ、その女性は、好きなタイプというのが分からない、と言われました。この人はイヤ、というのは分かるが、「好き」とはどんなものかが実感できないというのです。

今までずっと親が決めたとおりにしてきた。イヤなときだけイヤと言って、あとは親の勧めるままに学校も仕事も着る服も決めてもらっていた。「着る服も?」とびっくりして私が聞くと、「あなたのセンスは悪いから」と言って、母親が一緒に買い物にもついてくるらしいのです。

40年近く親と一緒に暮らし、親のつくったご飯を食べて、そうやってきた。それなのに、もういい年なんだから自分の好きなようにしていいと言われても、どうしたらいいか分からない。選ぶ基準が分からない、決められない。決めてもそれでいいのか自信がない、と言うのでした。

親に愛される、というのは素晴らしいことです。心配してもらう、というのもありがたいことです。でも、やはりやりすぎは禁物です。親子の依存関係をつくってしまうことになりかねません。

親は親の、子は子の、それぞれの人格を尊ぶなら、心配しすぎはいいことではありません。**心配することが、おまえを信じていない、おまえはダメだ、というメッセージにつながるからです。**

心配はしてもいいですが、ほどほどに。そして、口に出す言葉は、「だいじょうぶ、きっとできるよ」「信じているよ」が望ましいですね。

9 「やったけどダメだったからもうやらない」

「やめたい」と途中で投げ出してしまうのは…

Iくんはスポーツ好きの男の子。もうすぐ4年生になります。サッカークラブに入っていますが、もうやめたい、とお母さんに言ってきました。

どうして？　とお母さんは尋ねます。練習がキツイの？　先輩やお友だちがイヤなの？　そうではない、とIくんは言います。練習はキツイけど、嫌いじゃない。サッカーは好き。チームメイトとも仲がいい。じゃあ、なぜ？　お母さんには分かりません。Iくんは、「ボク、下手だから」と絞り出すような声で言いました。涙もちょっと出てるようです。

やめさせたほうがいいんでしょうか、こんなことでやめたら、なんでも中途半端にする子になってしまわないかと思うんです。お母さんは迷っています。

私は、Iくんとは直接話ができましたので、Iくんに聞いてみました。「サッカークラブ、やめたいんだって？」。よく話を聞いてみると、下級生がドンドンうまくなってきてるのに、自分はなかなかうまくならなくて同じ注意を何度も受けるのがつらい、練習が楽しくない、ということでした。

「じゃあ、クラブをやめたいんじゃなくて、もっとうまくなりたいってことかな？」と聞くと、Iくんの顔がパッと明るくなりました。

Iくんは「うまくなるまで、やってみる」ということにして、クラブをもう少し続けることにしました。やらなかったら絶対にうまくならないけど、やってみたらうまくなるかもしれないもんね、と言って別れました。

前の節でお話しした、自信の元になるふたつの要素、「自分は愛されている」という感覚と、「自分は必要な存在だ」という判断、それだけでは、ほんとうの自信にはなりません。

そのふたつの要素は、自信の「種」なのです。親や周りの人から与えられた自信の種。何の根拠もいらない「自信の種」。それを子どもが自分の力で育てていってこそ、ほんものの自信となるのです。

この種を育てるために必要なのが、「行動」です。行動し、経験を積むことによって、根拠のない自信が根拠を伴った自信へと成長していくのです。

失敗だって、積み重ねるほど「自信」になる

分かりにくいですね。ちょっとイメージをしてみましょう。

冬の日に、雪だるまをつくったことがありますか？　雪だるまをつくり始めるときの最初の芯になるのが、親や周りの人から与えられた愛です。その愛でできた「自信の種」を核にして、まるで雪だるまをつくるように、自信が大きくなっていく。そんなイメージをしてみてください。

雪だるまを大きくしていくためには、「雪の上をころがす」ということが必要です。雪の上にじっと置いておいても、大きくはなりませんよね。実際にからだを動かして、雪の上をころがす、その行動が必要だとイメージできたでしょうか。

ころがしているうちに、形がいびつになったり、石が混じったり、どろで汚れたりするかもしれません。それが気になって、そこでころがすのをやめたら、それ以上は雪だるまは大きくなりません。形を整えたり、石やどろを取り除いたりしても、雪だるまは大きくなりませんね。大きくするためには、ころがし続けることがどうしても、どうしても必要なのです。ころがしているうちに、少々のゆがみや石やどろも飲み込んで、大きな大きな雪だるまができていくのです。

子どもの心のなかに、ほんものの自信というのが育まれていくためには、「行動」が必要です。

結果が失敗だろうが成功だろうが、実はあんまり関係ありません。テストでいい点を取っても、悪い点であっても、サッカーで勝っても負けても、何をしても、どんな結果でも、「自信」はつくのです。

私たちおとなは「失敗しないように」考えて行動します。それは、失敗すると社会生活上、困ることがたくさんあるからです。会社の経営を失敗すると倒産です。職場の人とコミュニケーションがうまく取れないと、会社に居づらくなります。取引先の方の機嫌を損ねたら、取引がなくなるかもしれません。だから、子どもたちにも「失敗しないように」というメッセージを意識的にも無意識的にも送ります。

ところが、子どもたちは、失敗してもいいのです。だって、子どもだからです。失敗をすることを見込んで、子どもは守られた環境にいるのです。テストで失敗したからといって、責任を取ってクビになることもありません。サッカーの試合に負けたからといって、罰金を取られるわけでもありません。その分を親や学校や社会が守る、という安全の土台のうえで子どもたちは大きくなっていくのです。

失敗しないように、と教えるのではなく、たくさん行動をして、たくさん経験を積んでほしいのです。

クラブや習い事を、何がなんでもやめずに続けるのがいい、とは私は思っていません。でも、やりたい気持ちがあるなら、やったらいいと思うんです。

うまくできなくて情けなかったり、下級生に抜かされて悔しかったり、もしやめてしまえば、そんな気持ちは味わわなくてすみます。

つらい経験を味わわないこと。そのこと自体、Ｉくんの人生全体から見てみたら、もったいないことです。やりたい気持ちにふたをして、やらないまま過ごすのは、もっともったいないことだと思います。

10 行動してみなきゃ始まらない

小さいときにかまってもらえなかった子どもは自信を持てない⁉

今までお話ししてきたとおり、自信の種は親や周りの人から与えられるものです。その種を子どもが行動することを通して自分自身で育てていくことで、本物の自信となっていく、というのが自信が持てるようになる仕組みです。

そうお話をすると、必ず「小さいときにしっかり愛してあげなかったから、もう手遅れ」と言う方がおられます。

たとえば、仕事が忙しかったり、お母さん自身が肉体的・精神的に余裕がなかったりして、十分に子どもに手をかけることができなかったりすることはよくあることです。特に最初の子どもは、子育ての経験もなく不安な中で育てていますから、後悔することが多いかもしれません。

では、小さいときにしっかり愛してもらえなかった子どもは、自信を持つことができないか、というと、そうでもありません。

別のケースをお話ししましょう。

私の知っている方で、大変有能な男性がいます。お父さんは仕事熱心で厳しく、お母さんは病弱なうえに、すぐ下に妹さんがいて、小さいころから自分のことは自分でさせられていたそうです。

小学生のときから、たとえば歯医者さんに行くときも自分ひとりでバスに乗って行っていたそうです。もちろん、ずいぶん心細かったり、さみしかったりしたとは思いますが、その経験は、「自分が必要な存在だ」「自分はできる」という認識の核になっているはずです。それから育まれた自信によって、男性は仕事のできる、社会にとって存在価値のあるおとなに成長しました。

そう聞くと、「甘やかしてはいけないんだね。よし、厳しく育てよう」と言われる方がおられます。いえいえ、ちょっと待ってくださいね。

なにごとも、バランスが大切です。甘やかされすぎも、厳しくされすぎも、問題を起こします。先ほどの男性は、厳しい環境の中で育ってきたので、自分にも他人にも厳しくなりました。仕事では結果をつくりますが、人間関係では摩擦を起こす原因ともなりがちです。できない人、やらない人に対して共感や理解ができにくいからです。

バランスよく、しかも高いレベルの自信を持てるようにするためには、どうしたらいいのでしょうか。ふたつの方面からのアプローチが有効です。

ひとつは、「自分を愛する」習慣を持つこと。

「自分を愛する」って、どうするの？　と思われるかもしれませんね。そんなに難しいことじゃないんですよ。

自己管理能力の中の、「健康管理能力」をつけることでカンタンにできます。**自分のからだを大切に扱うことを通して、「自分を愛する」力を育《はぐく》みます。**

毎日の食事、お風呂、睡眠。日常、普通に行っている生活の中に、意識的に「愛と感謝」の想いを持つ。それは「自分の健康を自分で守る」「自分のからだを大切に扱う」「自分のからだに感謝する」ということです。それがそのまま、「自分を愛する」ことになるのですよ。自己肯定感を育てることにつながります。今日、これから始められることです。

★プロセスが大事。「できるようになること」を目標にしないこと

そして、**もうひとつは、「行動する」ということです。**自己有用感が育まれるだけでなく、実際に経験して「できる」ようになり、能力を獲得することができます。しかし、「できるようになる」ことだけを目標にしてはいけません。

私たちは、自信があることについては行動しますが、自信がないことはなかなか取りかかりません。やってみようとしない、行動しないのです。それは、「できない」という事実に向き合いたくないからです。

しかし、やらずにできるようになることはありません。自転車に乗れない子が、イメージトレーニングをしたり、「必ず乗れる！」と自分に言い聞かせても、実際の練習をしなければ決して乗れるようにはならない、ということです。最後はやはり、自分で自転車にまたがって、ペダルを踏まなくてはいけないのです。誰も代わりに練習してくれません。

最初は転んで痛かったりします。血が出てひりひりしたりするかもしれません。倒れた自転車を起こしながら、みじめな気持ちになったり、悔しかったりするでしょう。それでもちょっとずつ自分のからだで、自分の足で、自分の腕で、自転車を操れるようになっていきます。

大切なことは、「できなかったこと」が「できる」ようになる、というプロセスです。**「できる」という能力による自信よりも、「できなかったことができるようになった」という経験そのものが、確固たる自信になっていくのです。**この経験を通して、「できないこと」にチャレンジしてみようという意欲が湧いてくるのです。

人生は、「できないこと」だらけです。次から次へと「できないこと」が現れると言っていいでしょう。その「できないこと」をひとつでも多く「できること」に変えていく。それが子どもの成長というものだと思います。

やってもできないこともあるでしょう。でも、それはそれでいいのです。やらないより、やったほうが、絶対いいのです。

大リーグで活躍しているイチロー選手が、日米通算３０００本安打を達成したときに、打てなかった打席のことを誰が気にしたでしょうか。３０００本安打の前のあの打席、空振り三振だったよな、などとは誰も言いません。

しかし３０００本ヒットを打つために、三振や凡打に終わった打席がどれほどあったか。その打てなかった打席の次に、またバッターボックスに入ってバットを振る。打てても打てなくても、打席に入ってバットを振る。だからヒット３０００本になったのです。

大切なことは、打席に入ってバットを振り続けることです。バットを振り続け、ヒットを重ねていく。打率を気にするのではなく、ヒットの数を数えていくこと。このあり方が、子どもの成長を見守る姿勢と重なっているのです。

おとなの私たちは、子どもたちが失敗したあとにも、成功したあとにも、またバッターボックスに入ってバットを振ることを支援することしかできません。それが子どもたちが自信を育《はぐく》んでいく、大切な、唯一のプロセスです。

できたという結果を喜ぶのではなく、やろうとする行動自体、やろうとする意欲を承認しましょう。

スゴイ結果を見て、スゴイ！　とほめるのは誰にでもできますし、本人にもよく分かります。スゴイ結果ではないとき、まだ結果が出ないとき、そんなときに、お母さんからのほめ言葉や承認が、次の行動への意欲になるのです。

11 劣等感で自信が持てない

誰と比べて「自分はダメ」と感じるのでしょうか？

ここでは、自信を持つことを妨げる、とよく言われている「劣等感」についてお話ししようと思います。

劣等感に、どんなイメージを持ってますか？　あなたにはどんな劣等感がありますか？

家が貧乏だ。学歴がない。容姿が悪い。頭が悪い。運動ができない。話がへただ。人のことが気になりすぎる。性格が悪い。

異性にもてない。人望がない。リーダーシップが取れない。

仕事ができない。要領が悪い……。


きりがないですね。私たちの持っている劣等感って、いったい、いつ、どうやって身につけたのでしょうか。そして、劣等感って、どんな役に立つのでしょうか。

劣等感なんて、なんの役にも立たない？　そう思っていますか？


実は私は、劣等感なんてなんの役にも立たないと思っていました。そして、自分には劣等感なんてない、と思っていました。劣等感なんて持ってるのは恥ずかしい。劣等感なんかに支配されたり影響されたりするのは、意志が弱いからだ、なんて思ってたんです（ああ、恥ずかしい）。

もちろん、勘違いです。それは、劣等感というものについて、よく知らなかっただけなのです。

劣等感の対義語として、優越感というものがあります。そうやって並べてみると、「劣等感」が客観的に見えてくるかもしれません。

そうですね。「劣等感」って、もともとは「ほかと比べて劣っている、と感じること」のことです。いい、とか、悪い、とかいうものではないのですね。でも、そうそう冷静に、「自分はほかと比べて劣っている」と感じることはできません。

「劣っている」と感じると、たいていの場合、「イヤだな」「恥ずかしい」「居心地が悪い」「つらい」などのネガティブな気持ちが起こってきます。また、それによって「自分は役に立たない」とか、「ダメなやつだ」とか、「ここにいてはいけない」とかいう思考も引き起こされてきます。さらに、羨望《せんぼう》、嫉妬《しっと》やひがみといった、相手を否定する気持ちや、環境を否定する気持ちがあらわれてくることもあります。

私たちはそれらを全部ひっくるめて、「劣等感」と認識しているのです。だから、「劣等感」と聞くと、ひとことで言い表せないような、イヤ～な感じがするんですね。そんなふうにイヤな感じを味わいたくないので、「劣等感」を感じるような人とはつき合わないようにしたり、「劣等感」を感じる場所、場面をなるべく避けるようになったりします。

私のように劣等感を劣等感と感じないようにしたり、ごまかしたり、逆に強がったりすることも多いのです。

でも、劣等感を感じない場所や場面にいて、劣等感を感じない人とばかり付き合って、何か成長するかというと、そうではないですね。劣等感をごまかしていても成長はありません。

そんな「劣等感」、いったい誰と比べて感じるのでしょうか。小さい子どものころ、誰と比較したと思いますか？　そうです、おとな。主にお母さん、それから一緒に暮らしている家族です。

お母さんと比較して、「自分は劣っている」と感じるのです。自分は子ども、お母さんはおとなですから、劣っていて当たり前。かなうはずがありません。でも、子どもは「自分は劣っている」と感じるのです。

家族とも比較します。お父さん、おじいちゃん、おばあちゃんだけではなく、お兄ちゃん、お姉ちゃんとも比べます。そして、「自分は劣っている」と確認するのです。弟や妹が生まれたらどうでしょうか。やはり、比べるのです。そして、優れているると確認して安心します。劣っている場合はタイヘンです。深く傷つくこともあります。

「比べる」ということは、実は集団で生きる動物の本能に基づくものです。集団の中での自分の位置を確認するために、動物はほかと自分を比較するようにできています。そして集団の中での存在を確かめることが、安心して暮らせる基本なのです。

だから、人と自分を「比べ」てしまうこと、劣等感や優越感を感じてしまうことは仕方のないことで、それ自体はいいとか悪いとかいうものではないのです。

劣等感に縛られず、最大利用しよう

問題は、その「劣等感」によって、自分の行動が制限されたり、自分の価値を感じることが妨げられる場合、劣等感に縛られる場合ですね。先ほど言ったように、私たちは劣等感を感じると、同時に「イヤだ」とか「居心地が悪い」という感覚や感情が引き起こされます。もちろん、無意識に、です。

それを感じたら、ああ、比べてるんだな、と意識してみてください。そして、ぜひ意識的に、積極的に「比べ」てみてください。何が、どう違うのかを「比べる」のです。「違い」を見つけようとしてみてほしいのです。

目をそらさずに、ちゃんと「比べる」ことができると、劣等感を感じる相手の「優れているところ」をまねることができてきます。NLP心理学では「モデリング」と言います。

実は「劣等感」を感じたら、成長するチャンスなのです。

このことを知ってから、私は「劣等感」を感じようと意識するようになりました。なるべく劣等感を感じるような場所に出かけ、劣等感を感じる相手と積極的に話をするようにしています。すごく居心地が悪いですし、自分がとんでもない田舎者のような気後れを感じながらも、相手を観察させてもらいます。

着ている服やアクセサリー、表情や身のこなし、会話の中身や話し方、どうやって成功してきたのかを聞かせてもらいます。全体から立ち上るオーラのようなものも感じながら、この人の成功の秘訣はどこにあるのか、自分とどこが違うのかを見つけていくのです。そして、まねできることをまねてみます。

その人がどんな感覚で生きているのかをモデリングするのは楽しいです。一部だけでも、ほんの1ミリでも、何かまねできたらいいなと思います。実際に会わなくても、テレビやDVDでもモデリングは可能です。せっかく感じることができるようになった「劣等感」ですから、最大限利用しなきゃ、と思ってます。

どうですか？　「劣等感」のイメージは、少し変わったでしょうか？

「劣等感」というものの客観的な説明を聞いて、人間なら誰にでもある当たり前のものなんだ、という知識を得たかもしれません。

怖いものでも、自分を支配するものでもない、「利用できるもの」としての劣等感として、ちょっと身近になったかもしれません。

私たちは、自分の持つ思い込みの中で生きています。思い込みを持つこと自体は避けられませんが、どうせなら自分に都合のいい思い込みを持ったほうがいいと思いませんか。

今、ここで「劣等感」についての思い込みが少し変わったように、「思い込み」だって、カンタンに書き換えられるんですよ。客観的な知識を持つことと、自分とは違う考えを知ることによって、です。

「劣等感を持っているから、できない」とか、「劣等感を持っていることを知られると恥ずかしい」とか、そんな思い込みを持ったお母さんに育てられると、子どもも「劣等感」に縛られることになります。

劣等感があっても、何をしてもいいんです。劣等感がないほうが恥ずかしいです。劣等感に縛られるんじゃなくて、劣等感を利用してさらに成長する、たくましい子どもに育ってほしいですね。

12 「ほめて育てる」の落とし穴

大きくなるほど、ほめるところが少なくなってきませんか

子どもはほめて育てよ、とよく言いますね。私も基本的にはその立場に賛成です。ところが、これが一筋縄ではいかないのです。

ほめられたら、子どもはいい気持ちになります。誰でもほめられたら嬉しいですね。

ところが、小さいころは何をしてもほめられていた子どもも、だんだんほめられなくなります。なぜでしょうか。

それは、「できて当たり前」になってくるからです。

歩き始めのときは、一歩、歩いただけで周りのおとなに騒がれます。ビデオを撮られたりします。でも、何カ月も何年も歩いただけで、ずっとほめられ続けることはありませんね。

注目を集めたり、ほめられるためには、「次のこと」ができなくてはいけません。走る、三輪車に乗る、自転車に乗る、鉄棒ができる。子どもは次々とできることが増えていきますが、ほめられる回数やほめられる度合いはだんだん減っていきます。やっとできたことも、しばらくたつと「当たり前」になります。

「ほめて育て」てもらうためには、子どもは、次々といろんなことができるようになり続けないとダメなのでしょうか。

「ほめてやりたいと思っても、ほめられるようなことをしないんですよ」とおっしゃるお母さんがいます。

ほんとうでしょうか。

宿題は言われるまでしない。成績もひどい。お手伝いもしない。ゲームばかりしている……だから、ほめられないのだ、ということです。

よく聞いてみると、子どもさんは毎日、学校に行っています。毎日、ご飯を食べています。毎日、弟やお友だちと遊んでいます。

それは、当たり前だから、わざわざほめることじゃないです、とのことです。なるほど、とは言いましたが、学校へ毎日行かない子どもが多くいるのを知っているので、そのとおりですねとは、うなずけませんでした。

でも、そもそも、何のために、子どもを「ほめる」のでしょうか？「ほめないよりほめたほうがいいから、ほめる」んじゃ、ないんですよ。「子どもが喜ぶから」でもありません。

目的があります。

子どもをほめる目的は、「子どもの善《よ》き思い・あり方や善き行動とそれに伴う経過や結果を承認し、それをさらに伸ばすため」です。

長いですね。カンタンにしましょう。**「善いところを承認して伸ばすため」**です。

この目的から考えると、**「何かできたときだけ、ほめる」とか、「親の都合のいいように動いたときに、ほめる」とかいうのが、ずれている**ことが分かりますね。

私は、毎日学校に行ったり、毎日ご飯を食べたりするのは、十分に「ほめる」に値すると思います。それをさらに伸ばし、継続してほしいと、こころから願っていますから。

子どもが大きくなってくると、何かできたらほめよう、と思っていると、ほめる機会はあまりありません。いいことをしたらほめよう、と思っていてもそうそういいこと（多くは親の都合のいいことですね）はしてくれません。何かあったら、ではなくて、積極的にほめることを探さなくてはいけませんね。

昨日も今日もやっていることをほめるためには、言葉だけではない、技がいります。毎日やってるのに「スゴイ！」と言われても、言うほうも言われるほうも、

「うそくさい」と感じますよね。そんなに上手にできていないものをほめるのも、技が必要です。

「できたね！」という魔法の言葉

ウチでは、どんな技を使っていたかをご紹介しましょう。

娘は、小学生のころからビーズなどの手芸が好きでした。ちまちまと何か作っては見せてくれるのですが、おとなの目から見ると、「上手」とはいえない代物《しろもの》です。

そこで私が言ったのは、「できたね〜！」のひとことです。作品が「できた」ので、「できた」と言っただけです。

「上手だね」とか、「すごいね」と言えるときは言っていましたが、正直者の私にはどうしても言えないときもあります。そんなときは、じっと作品を見つめて、ひとこと、「できたね！」です。

でも、ほめていることは伝わったらしく、娘は誇らしい顔になりました。

ご飯を残さず食べる息子たちには、「たくさん食べるね」「今日も食べたね〜」と言っていました。気持ちを込めます。もちろん、称賛のまなざし付きです。ちょっと鼻の穴がふくらむのを見届けます。

そうやって、どんなことを承認していきたいのか、どんな行動を伸ばしていきたいのかを明確にしながら、目的を持って「ほめる」ことが大事だなと思います。

そして、この目的から言うと、なんでもほめればいいというものではない、ということが分かります。「善き思い」「善き行動」を伸ばしたいわけですから、それから外れたものは、ほめてはいけません。

結果がよくなくても、「善き思い」「善き行動」からの結果であれば、ほめます。結果がよくても、「善き思い」「善き行動」が伴っていない場合はほめません。ズルして、たまたま結果がよくてもダメということです。

子どもの中にある、「善き思い」を見つけ、「善き行動」になるように促し、それが続くように育てる、それが、「ほめる」ということです。

子どもは、自分が「善き思い」で行動していることをお母さんにほめられることが一番嬉しいのです。それを理解してもらえないことが一番悲しいのです。

せっかくお手伝いをしようとしたけど、うまくいかなくて散らかってしまった。テストでがんばろうと思ったけど、結果がよくなかった。そんなときに、子どもの「善き思い」を見つけてほめるのがお母さんの仕事なのです。

結果がうまくいかなくてつらい子どもを救うのは、お母さんのそのひとことです。

「お手伝いをしようとしたんだね」

「テスト、がんばろうと思ったんだよね」

その思いや行動こそ、ほめるべきポイントです。

残念ですが、世の中は結果主義です。結果が出ないとほめてはもらえません。

しかし、おうちの中では、結果とは別の、思いや行動のところでほめてみませんか。ほめるところは、たくさんあると思いますよ。

13 好きなようにすると、止《と》められる

「寄り道してはいけない」という約束が守れない子

世の中には、「ちゃんとした」育児をしようと志している立派なお母さんがたくさんいます。自分自身もちゃんとするように努力してこられているし、子どもが社会に出て困らないように、ちゃんと育てようと努力されています。

ところが、こんな「ちゃんとした」お母さんのもとに、一見、「ちゃんとしてない」ように見える子どもが生まれてくる場合があるな、と思うのです。

こんなケースです。

小学生になったばかりのＪくんのお母さんは、公務員として責任あるお仕事をされています。Ｊくんには、少し年の離れたお兄ちゃんがいて、それから昨年、弟が生まれました。

お母さんは弟が1歳になったらすぐに仕事に復帰して、忙しい仕事の中、家事や保育園の行事、スポーツ少年団のお世話ときりきり舞いです。でも、弱音ひとつ吐きません。そのスーパーウーマンのようなお母さんが、Ｊくんのことでは困りきっているのです。

Ｊのことが、私にはさっぱり理解できない、とお母さんが言われます。入学した最初のころからＪくんは学校からまっすぐ家に帰ってきません。あちこち寄り道して帰ってくるのです。

ある夕方のこと、お母さんが弟を保育園から連れて帰っても、Ｊくんの姿がありません。もう外は暗くなっています。ランドセルもない。学校が終わってからもう何時間もたっています。どこかお友だちの家にいるのかと、お母さんは電話をかけまくります。学校にも問い合わせます。お父さんやおにいちゃんが近所を探し回ります。外は真っ暗、事故にでもあったかもしれない。警察に行こうかと、もう大騒ぎです。

そんなころに、Jくんはひょこっと帰って来ました。ほっと安心したのと、今まで散々心配したのとで、お母さんはJくんをめちゃくちゃ怒ってしまいました。絶対に学校からまっすぐに家に帰って、宿題をして、遊びに行くならそれから行きなさいと、きつく約束をさせました。

それなのに、Jくんは相変わらず、学校の帰りにふらふら寄り道をするそうです。あんなに怒られたのに、です。もう、私にはこの子のすることが理解できない、この子に言うことを聞かせるためにはどうしたらいいのか分からない、私が真剣に言ってることが通じないなんて、そんな相談でした。

Jくんのお兄ちゃんは、お母さんの言うことを聞かなくて困るなんてことはなかったそうです。

私は、何でもできるスーパーウーマンのようなJくんのお母さんのところに、J

くんが生まれてきたのには、ちゃんと意味があると思いますよ、と言いました。どんな意味があると思いますか？

Jちゃんのお母さんは、少し考えたあとでおっしゃいました。

「自分ではどうにもできないこともあるということを私に教えるため、でしょうか」

そうかもしれませんね。

Jくんは学校の帰りに寄り道しない、というお母さんの言いつけにはどうしても従えないようです。どんなに約束しても、学校を一歩出たら、そんな言いつけ忘れちゃうんです。だって花が咲いてたり、木やくさむらやたんぽや、寄りたいところが途中にいっぱいあるから。

私は小さいころのJくんの、生き生きして自由な姿を思い出しました。Jくんのきらきらした目、よく動く活発な手足……。

きっと目の前にあることに夢中になってしまう、あのころと変わっていないんだろうな。おとなしく家の中で遊ぶには、エネルギーが高すぎるんだろうな。

お母さんには、Jくんと、こんな約束をしたらどうかと提案しました。

「とにかく、暗くなったと思ったら、すぐに家に帰る」

「寄り道をしない」よりも具体的で行動に移しやすい約束です。そして、お母さんの心配も最低限ですみます。どうかな。

「暗くなる前に帰ってほしいんですけど」……でも、きっと一生懸命遊んで、気がついたら暗くなっているに違いありませんね。暗くなった！　と気づいたら、家に帰る。それが最短だと思います。

もう少しJくんが成長したら、目の前のことだけじゃなくて、少し長い時間のことも考えられるようになるから、それまでの間は、寄り道してもよし。その代わり、暗くなったらすぐ帰ろう。それでいきましょう。

何気ないお母さんの言葉が「自己否定」につながる危険

Jくんは、好きなように行動すると、周りの人を心配させてしまうくらいのエネルギーと行動力のある子です。それをやたらに止めようとしても、うまくいきません。

ところが、こんなタイプの子は、小さいうちにそのエネルギーを否定されてしまうことが少なくないのです。言うことをきかない。わがまま。そんなふうに判断されます。

落ち着きがないとか、多動《たどう》（性症候群）とか、困ったことと判断されてしまうことが多いように思います

集団生活をするなかでは、なかなか「手がかかる」と思われてしまうことも少なくなく、怒られたり行動を止められたりすることが多いのです。でも、そうやって

厳しく止められることで、好きなように行動する意欲がなくなることが一番良くないなと感じます。
一番その子らしい、その子の個性の発揮できるところが、「してはいけない」ことだと禁じられてしまうと、エネルギー全体が下がったり、自己否定につながったりしかねませんね。

好きなことをしてはいけない、好きなようにするとお母さんが悲しむ、怒る。そんな思いが自信の芽を摘むことになってしまわないように、と願っています。

第3章

何事もゆっくり、時間がかかる

要領が悪いタイプのグズグズ

14

時間を味方につけよう

「スピード力」を上げれば、ほかの問題も一挙解消！

子どもがグズグズするのには、いくつかの原因があります。第1章でお話ししたように、感情的なものかもしれませんし、第2章でお話しした、自信の欠如かもしれません。でも、具体的に「能力」という面から見てみると、改善するのが早いかもしれません。

というのは、「能力」が上がることによって、もれなく「自信」がつくからです。そして、それによって「感情」も変化する可能性が高いのです。

短期間に一番変化をつくりやすいのも、「能力」です。でも、この「能力」を3

番目にお話ししようとしたのは、それなりの理由があるのです。

それは、私は「能力」だけを上げることには、あまり意味がないと考えているからです。

子どもの幸せや人生の成功をトータルで考えるときに、一番重要なのは「能力」ではありません。子どもの幸せを感じる「気持ち」や自分はできるという「自信」があってこその、あるいは、子どもの幸せを願う親の「気持ち」や、ウチの子はできるという「信頼」があってこそ、の「能力」だと思います。

そんなわけで、子どもの気持ちや自信について、先にお話をしたわけです。その土台の上に、「能力」を乗せていきましょう。ドンドン積み上がりますよ、土台がしっかりしていますから。

グズグズしないで行動できる「時間管理能力」とは

ここでは、グズグズしないで行動できる能力を中心にお話ししましょう。まずは、時間を管理する能力を上げていくことについて、です。

時間を管理できるようになる、というのは人生上たいへん有利な能力を得るということです。

人生とは命の時間のことですから、時間を生かして使えるというのは、人生を生かして生きることができるということになるからです。そうしていない人よりも、多くのことができたり、ほんとうにしたいことに時間が使えたり、充実感を感じながら生活できたりします。

いつもいつも時間に追われて苦しくなったり、時間を守れずに信頼を失ったり、なんとなく時間が過ぎてむなしい気持ちになったり。そんな残念な人生を送るのと比べてみてください。

いいですね。ぜひ身につけておきたい、子どもに身につけさせたい、でしょ？

時間管理能力を上げるために、まず時間を意識することからスタートしましょう。

おとなには当たり前のことが、子どもには当たり前ではない。それは、子どもというものは、時間を意識して生きているのではない、ということです。生まれながらに時間を意識している人はいませんね。どこかの時点で教えてもらわなくてはいけません。

公式に時計の読み方を習うのは、小学生になってからです。しかし、その前から時間を意識して行動するように、習慣化してしまうのがいいでしょう。

家の中、リビングルームの見えやすい場所に、アナログの時計を置いておきます。ぜひ、アナログにしてください。数字が読めなくても、時計の読み方を知らなくても、アナログであれば形を目で見ることができます。この針がここまできたら出かける、というのを視覚的に教えることができるのです。**針が動いているのを確認しながら行動することができます。**

そうやって、時計を見ながら生活することを習慣化しておきましょう。「早くしなさい」なんて言う必要はありません。「何時に出るよ」とか、「あと5分だよ」と言えばいいのです。**親に言われて行動するのではなく、時間に合わせて行動する自**

立した子どもが育ちます。

自分の行動を、自分でコントロールするために一番手っ取り早いのは、「時間」とセットにしておく、ということです。

行動を始めたり、終えたりするのに、「きっかけ」として「時間」を使うのです。何となく始めたり、何となく終えたりするのではなく、**何時になったら始める、何分間取り組む、何時までやる、**というふうに、行動を明確にする習慣を持つのです。

「気が向いたら」始めたり、「お母さんに言われたら」やめたりするのと、全然違うのがイメージできますか?

「疲れたら」やめる、というのと、「何分間やる」というのとでは、やりきったあとの疲労感、達成感も、まったく違ってくるんですよ。

第2章でお話ししたとおり、自信をもつために「行動」はとても大切なものです。同じ「行動」をするのでも、はっきり明確に意識して行動することが重要です。

時間を意識して行動することで、より明確に意識することができるのですね。より自主的、自覚的に行動ができ、よりはっきりと自信につながる、ということです。

そして、本人だけではありません。周りから見ても、明確に行動していることが分かります。

言われなくてもする、時間どおりにする、確実に行動している。そのことで、確

実に信頼を得ることもできます。周りから信頼されることで、本人の自信はますます確固たるものになりますね。

始めと終わりの時間を決めたり、どれくらいの時間、行動するかを決めたり、どれくらい休憩するかを決めたり。そうやって、時間と行動を組み合わせておくことで、生活全体にメリハリがつきます。ドンドン行動したいときこそ、「時間」を上手に使いたいですね。

また、逆に、ゆったりとリラックスするのにも、「時間」を使ってみてください。

えっ、リラックスするのに、「時間」を気にしたくない、ですか？　そうですね、ほんとうにリラックスできる時間がたっぷりあって、1カ月くらい南の島に行ける、というのなら、「時間」を気にしなくてもいいと思うんですよ。でも、しなくてはいけないことがたくさんあって、そんな中で、リラックスもしたい、というのなら、「時間」を使いましょう。

しなくてはいけないことがたくさんあったら、リラックスはできない、とあきらめなくていい、ということです。たとえ5分でも10分でも、リラックスすると決めてみてください。忙しいからこそ、リラックスに時間を使うのです。

「時間がない」「早くしなさい」は逆効果

子どもに「時間がない、早くしなさい」と言わないようにしましょう、って、聞いたことありますか？

「時間がない、早くしろ」と言われて行動が早くなるのなら、そうしたらいいのですが、あまり効果的ではないのは、ご存じだと思います。その理由は分かりますか？

それは、「時間がない」という言葉が、逆効果になっているからです。

「時間がない」と聞くと、胸のあたりがきゅっと締まって、イヤな、苦しい感覚を感じませんか？　たとえば、仕事の締め切りが迫っているとき、あるいは、急ぎの仕事をしているとき、テストを受けているときでもいいです。「時間がない」という言葉を言ったり、思ったりするだけで、イヤだな、苦しいな、と感じることがありませんか？　それは、「時間がない」という言葉で、時間がなくて苦しかったときの気持ちや感覚を呼び起こしているからです。

苦しい感覚を感じてからだ全体もカタくなったり、動きが悪くなったりします。そのカタいからだで、スムーズに早く動くのは難しいですね。「時間がない」という言葉は、「行動を早くする」という目的には合わない言葉なんです。

これは提案ですが、時間を生かして使いたいと思うなら、「時間がない」と言うのをやめましょう。

あなたが生きている限り、「時間」はあります。十分にあるわけではないかもしれませんが、まったく「時間がない」なんてことはありません。「時間がない」と言うと何もできません。

時間を大切にしている人は、「時間がない」とは言いません。「時間が（何時間、何分、何秒）、ある」と言っています。

時計の秒針が動くのを、じっと見つめてください。どの1秒の間にも、時間があります。その時間を「ある」と思って大切に使う人と、「ない」と言って粗末にする人とでは、ずいぶんな差ができると思いませんか？

時間を無駄に使って「時間のない」人生を送るのではなく、時間を有効に使って、充実した人生を送りたい。そう願うならば、時間に関する言葉の使い方を、まず変えましょうね。

そうやって、「時間がない」という言葉を使う代わりに、たとえば、「時間が3分ある」という表現にすると、そのたった3分の時間が、生きた時間になるのです。忙しくて、自分の時間がなかなか取れないなあ、とか、いつも時間に追われているなあ、と感じるときこそ、どれだけ時間があるか、という表現にしてみてくださ い。そして、自分の中の感覚が変化するのを感じてみてくださいね。

15

焦るとますます遅くなる

行動がスイスイいく言葉、バタバタになる言葉

今までお話ししてきたように、言葉には、感覚や感情を動かす力があります。ほんのちょっと言葉の使い方を変えることで、望む感覚や感情、そして行動力まで手に入れることが可能です。

私の知っている女性は、行動するときに、

「それ、それ！」

と「かけ声」をかけています。先日、そのことをご本人に伝えたんですが、本人は自分がそんなかけ声を言ってるとは自覚していなかったそうです。

大変多忙な方で、自動車を運転して関西から四国、中国地方を駆け回り、たくさんの方の悩み相談に乗り、会社を経営し、雑務をこなし、家事も育児もされていま す。

でも、全然苦しそうではありません。仕事は「それ、それ！」というかけ声のとおりに、すいすい片づいていっている感じです。

それと反対に、自分を追い詰めたり、苦しくさせる言葉もあります。これもほとんど無意識です。**「ダメだ」**とか、**「どうしよう？」**とか、口癖のように言っている人がいます。仕事が効率的にできず、いつも時間に追われているような感覚があり、無力感を感じてしまう、と悩んでいる人です。

その人に自分を振り返ってもらいました。どんな言葉をよく使っていますか？**「間に合わない」**とか、**「焦る〜」**もよく言っているそうです。そして、行動はというと、いつも「バタバタ」しています。

そんな言葉を使うことによって、ますます焦るそうです。

「落ち着いて」ではなく、「急ぐ」を使う

この**「焦る」という感情が、グズグズの元凶になるのです。焦って判断ミスをしたり、事故を起こしますね。やるべき仕事が増えてしまいます。**

焦ると思考が働かなくなります。焦ると行動が遅くなります。また、行動が止まることもあります。

この「焦る」ことからカンタンに抜けられる方法があります。それは「急ぐこと」です。

焦ってるな、と思ったら、私たちは自動的に「落ち着こう」としてしまいます。口でも「落ち着こう」と言いますね。冷静になるためにはいいことです。

ところが、「落ち着こう」とすることによって、行動が遅くなることを知っていなくてはなりません。そんなにすぐに冷静にはなれませんね。時間がかかります。

落ち着くために呼吸を深くすると、行動は遅くなってきます。

そして、状況が緊急であればあるほど、行動が遅いのは致命的です。事態は悪くなります。気持ちはますます焦ります。だから、緊急なときに「落ち着こう」としてはいけません。状況も、気持ちも悪化します。では、どうしたら？

悪い循環に入る前に、「急ぐ」のです。

「急ぐ」というのは、行動です。動作のスピードを上げることです。スピードを上げようとすることで、感情は落ち着いてくるのです。

「落ち着こう」とするのではなく、「焦る」のでもなく、「焦らないようにする」のでもありません。「急ぐ」のです。

「落ち着く」「焦る」というのは、感情です。感情は自然と感じるものですから、それ自体をコントロールできません。落ち着いたり、焦らずにすむような状況をつくるほうが早いし、効果的です。

そのために、「急ぐ」という行動を取るのです。「急ぐ」というのは、同じ行動を短い時間でする、ということです。焦ってパニックになっているアタマとからだに明確に指示を出すことで、結果的に「落ち着かせる」ことができます。

「急ぐ」ために、目標時間を設定するのがいいでしょう。

焦っているときこそ、いつまでにする、というのを明確にします。時間を明確にし、行動のスピードを早めることが、感情も状況も落ち着かせていくのです。

「焦ってる」と思ったら、もしくは焦るかもしれないと想定されるときは、目標時間を設定するようにしてみてください。

子どもが焦っているときは、何分でやるか、聞いてあげてくださいね。急ぐことで焦らずに済む、ということを体験させておいてください。


焦るときは、急ぐ。

焦ってあわてて行動して失敗をしがちな人、焦ったら行動が止まってしまう人、そんな人のための合言葉です。

「焦るのをやめて、急ぐ」。ぜひ取り入れてくださいね。

そして、行動を早くするための、あなたなりの「かけ声」もぜひ見つけてみてください。あなたの行動も、子どもの行動も、「ドンドン」早くなりますよ。

気持ちが上がって体が自然と動き出すようなもの、オノマトペ（擬声語・擬態語）や同じ言葉を繰り返すのが効果的です。

実際に使ってみて、楽しくなったりワクワクしたりするかどうか、試してみてくださいね。

16 集中力はカンタンに伸ばせる！

勉強の途中で遊び始めてしまうのは、集中力が続かないから？

目先のことにすぐ気持ちが向かってしまい、集中力が続かないグズグズがあります。

子どもに限りませんね、集中力がない自分をダメだなと感じる人は多いようです。

宿題をしていると思ったのに、いつの間にかマンガ本を読んでる。読み終わったら宿題の続きをするのかと思ったら、次の巻を探している。

宿題の途中で「のどが渇いた」とか、「お腹すいた」とか言って冷蔵庫を開けている。そこにいた妹をからかったり、妹のやっていたゲームで一緒に遊び始めたり。いきあたりばったりな行動を取ってしまう。こんなこと、よくありますよね。

宿題をやり終えてから次のことをすればいいのに。ウチの子、集中力がないんです、って、よく言われます。そうでしょうか。集中力がないからマンガ本に手が伸びるんでしょうか。

おとなであろうが、子どもであろうが、集中するためにやるべきことは、ふたつです。

ひとつは、やる時間を決める。もうひとつは、環境を整えることです。

時間と空間を整えることで、集中できるんです。

これをする、と決めたら、それ以外のことに気の散らない環境を整えるのが大事です。

宿題をするのに、目の前にマンガの本があったり、ゲーム機があったりしたら、注意がそれて当たり前です。

お坊さんが煩悩《ぼんのう》に打ち克《か》つための修行をしているみたいなものです。そんな余計な精神力を使わなくてもいいようにすること。宿題そのものに力を注げるようにすること。これが「集中する」ということです。

具体的には、宿題以外のものが視界に入らないようにする、というのがいいですね。

そういう意味では、子ども部屋はあまり集中できないかもしれません。遊ぶためのものがたくさん置いてありますから。食卓テーブルの上でするのもいいでしょう。

机やテーブルの上という空間を確保して、必要ないものは目に入らないようにして、図書館の自習室みたいに段ボールでついたてをつくって囲むとかもアリです。その空間の中には、宿題と自分だけ。そうやってから宿題を始める。これで集中力が上がります。そう、そんなにカンタンな話なんですよ。

もちろん、聴覚的にも、気の散る原因になるテレビなどは消しましょう。音楽はあってもいいかもしれません。ヘッドホンでノリのいい曲をかける、という人もいます。その音楽以外の音が聞こえなくなって集中できるそうです。作業的な宿題、たとえば漢字の練習などは向いているかもしれませんね。考えるのに邪魔になると言う人もいますし、好みもありますから、いろいろ工夫してください。

お母さんは宿題をしている子どもに、自分から話しかけてはいけません。視界を邪魔する動きも避けてくださいね。子どもと宿題との空間に入り込まないことを心がけてください。

「時間」と「空間」を限定するだけで、集中力は上がる

それから、タイマーなどを使って時間を限ってください。**時間と空間を限定すること。これが集中力を上げる方法です。**

滝に打たれなくてもいいんですよ。精神力ではないのです。誰にでもできます。**集中力がない、なんて悩まなくていいんです。それは、集中する方法を知らないか、集中できる環境を整えることができていないだけです。**

集中すべきことに集中できるように環境を整える力、それが集中力です。雑然とした場所、うるさい音のするところでも集中できるようになるのは、その先のステップです。

自分が集中できるように環境を整える。そうやって集中する、ということを意識的にできるようになってきたら、目の前にあるマンガ本を自分の意識空間のなかから排除することができます。あっても無視できるということです。でも、それまでは、物理的に排除するほうが早いですね。

集中力がない、継続できないと悩むより、環境を整え、時間を限定して、何分なら続けられるか、チャレンジしてみてください。

少しずつ集中できる時間は延びていくはずです。同じ時間の中でできることも増えるはずです。スピードが上がることを実感してください。

宿題が終わらないとダメ、ではなく、何分集中できたかを問うてください。短い時間でやることは気持ちいいことなんだ、と感じられ始めたら、グズグズから脱却するのも、もうすぐです。

17 「優先順位」を教えよう

たったこれだけで「グズ」は克服できる

おとなであっても、やることが複数あると、とたんに力が発揮できなくなる人がいますね。子どもはほとんど、そうなんですよ。優先順位なんて知らないですからね。

でも、すぐに行動できない子は、「グズ」とレッテルを貼られがちです。

指導力のある先生は、子どもに複数の指示を出すときには、時系列で言うように工夫されています。

「これとこれをしてね」と言わずに、**「最初にこれをして、そのあとに、これね」**

たったこれだけで、子どもが動きやすくなるというのを知っているのです。

子どもの様子を見て、その指示でも難しいと判断したら、ひとつずつ「これしてね」と言って、したのを確認してから、次の指示を出しています。

どんなに優秀な人でも、一度にできることはひとつです。そのことをよく知ったうえで指示を出す必要がありますね。子どもに「グズ」というレッテルを貼る前に、適切な指示を出しているかを確認してみましょう。

最近の子どもたちには、たくさんすることがあります。

たとえば、学校から帰ってすることの中に、宿題と、時間割をそろえるのと、ご飯と、お風呂と、ピアノの練習と、マンガ本を読むのと、ハムスターの世話、というのがある、とします。

マンガ本を読んだり、かわいいハムちゃんと遊んでお世話をしたり、子どもにとっては大切なことをしているうちに、ご飯だ、お風呂だ、あ、お父さんが帰ってきた。テレビで動物園の特集やってる。おもしろいね、楽しいね。あ、もうこんな時間！　宿題？　ピアノ？　まだだった！　決して忘れていたわけではないけど、まだあとでできると思っちゃうんですよね。したいことからやっていたら、したくないことが残ります。思いつきで行動すると、そうなりがちですね。

優先順位くらい分かるでしょ！　と思うのは、おとなの思い込みです。子どもには分からないのです。

おとなでも優先順位をどうやってつけるのか、分かってない人が多いように感じます。とりあえず急ぐことからやっている、というのが実情ではないでしょうか。

時系列で考えるのは、有効な方法です。しかし、それだけでは緊急な仕事に追われて、重要な仕事が後回しになりがちです。緊急かどうか、重要度はどうか、と両面からの判断が必要になってきますね。

遊びながらサクサク動けるようになる「一時棚上げ」作戦

しかし、そんなにむずかしく考えなくても、今、ここでやるべきことを集中してやれる方法があります。それは、**「一時棚上げ法」**と呼ばれるものです。

複数のやるべきことを抱えていると、思考も行動も滞りがちです。今これをしなくてはいけない、だけど、あのことやあのことが気になって、となると、脳に過負荷がかかって、一時停止状態に陥ります。コンピューターでいうと、砂時計が出ている状態です。そんなときに使ってください。

頭の中に、一時保管するための棚をイメージで作ります。

今やっていること以外の、気になることを全部その棚の上に載せてください。実際にできること、しなくてはいけないことも、悩んでいるだけのもやもやした気持ちも、全部です。気になることは、あなたにとって重要なことでしょうから、大切に棚に載せてくださいね。

それら気になることのうち、今やることの次にやることに、ちょこっとシルシをつけておいてください。頭の中のイメージですよ。さあ、載せましたか？

それから、今やるべきことをやります。決めた時刻がきたら、途中でもいったんやめます。そして、棚に載せます。シルシのついている、次にやるべきことを降ろして、それをやりましょう。棚の上にある、その次にするものに、またシルシをつけておいてくださいね。

私たちは、しなくてはいけないことを先延ばしにしている罪悪感を感じると、今すべきことに力が注げません。

でも、一度にできることはひとつです。すぐに片づく仕事ばかりではありません。いくつも完了せずに途中になっている仕事を抱えているのがふつうです。そこで「棚に上げる」イメージが役に立つのです。**しなくてはいけないことと一緒に、していない罪悪感も棚に上げることができます。**

しかも時間を区切りをつけて、やることを変えていくことで、だらだらやるよりも仕事がはかどるんですよ。頭の中に砂時計が見えてきたら、「一時棚上げ方式」

使ってくださいね。

子どもにも、これが応用できます。子どもは目に見えたり、手に取ったりするほうが分かりやすいので、カードを使います。宿題とか、ピアノの練習とか、ハムスターの世話とか、カードに書いて、何かきれいな箱に入れましょう。

最初にするものを出して、いつまでするかを決めて、次にするものにシルシをつ

けます。時間がきたら、カードを入れ替えます。済んでいたらそのカードは箱に戻さなくていいです。途中だったらカードを戻します。入れ替えるときに、また次にするものにシルシをつけておくのを忘れずに。

だんだんカードがなくなっていって、最後に箱が空《から》になったらいいですね。でも空にならなくてもいいんですよ。自分で優先順位をつける練習です。

遊びながらいろいろ楽しくやってみたらいいでしょう。一日のうちに、たくさんのことができていることが自覚できるはずです。そのうちに、カードがなくてもイメージできるようになります。優先順位の勘が養われてきたということですね。

お母さんも一緒にいかがですか?

18「タイミングが分からなくて行動できない」

タイミングが悪い人＝時間管理がヘタな人

時間管理力には、スピード以外にも、タイミングという要素があります。ここでは、タイミングのお話をしましょう。

Kちゃんは2年生の女の子です。夏休みに通ったスイミングの短期教室で、苦手だった泳ぎがちょっと好きになってきました。たった1週間でしたが、Kちゃんは自信がついたそうです。通わせようと思うんですよ、とお母さんがおっしゃいます。

いいじゃないですか、と言いながらヘンな感じがします。だって、今は11月なんです。

どうして始めないんですか？　と聞いてみました。

タイミングが分からなくて、という返事です。

タイミングがいい人は、気が利《き》いていると思われたり、仕事ができるように見えます。有能な印象や好感を持ってもらいやすいですね。どうせ同じことをするのなら、タイミングよく、したいですね。

時間管理が下手な人は、タイミングを計ることも下手です。タイミングを計りかねて、行動できなくなることも少なくありません。

どんなふうにしたら、タイミングのいい悪いを見分けることができるようになるのでしょうか。情報を仕入れたり、人の意見を聞いたりして勉強すると見分けられるようになるかというと、そうではない。経験を積めばいいかというと、それだけでもないようです。

しかし、どんなに経験のない人でも、勉強してない分野でも、失敗しない「タイミング」があるんですよ。

それは、**「先手必勝」**というものです。

聞いたこと、あるでしょう？

もともとは、囲碁の用語から来ています。「先手」というのは、先に碁を打つ人です。先手を受けて、あとから打つ人のことを「後手」といいます。囲碁というゲームは圧倒的に先手が有利なので、同じ力量であれば先手を取るというのが勝つために必須です。先手になれば必ず勝つ、というのが「先手必勝」の本来の意味です。

「後手に回る」という言い方も慣用的に使われますね。「後手に回る」というのは、タイミング的に不利な立場に立つことです。

「先手必勝」という言葉は、囲碁や将棋だけでなく、戦いの場面でも仕事の場面でもよく使われてきました。タイミングについての古来からの知恵です。

「先手必勝」「最初が最善」の法則

どのタイミングがいいかなと迷うとき、その瞬間が最善のタイミングです。

「最初が最善」の法則と言います。遅すぎるより、早すぎるほうが絶対にいいのです。

なぜかというと、早すぎて失敗しても、もう一度チャレンジできるからです。遅すぎて、かつ失敗したら、もうチャンスはありません。「チャンスの神様には前髪しかない」と昔から西洋でも言われていますね。

もちろん、たくさんの経験があってタイミングが上手に計れる人は別です。でも、そうでない、タイミングを見すぎてチャンスを逃してきた人は、ぜひ「先手必勝」でやってみましょう。

日本人には、人に先を譲る、人のあとについていく、それが美徳と感じている人も多いと思います。人より先にすることに抵抗を感じる人も多いでしょう。

でも、誰もが譲り合っていたら全体が遅くなってしまうことになるのです。遠慮せず、先に行動しましょう。あなたのその姿を見て、行動する勇気が持てる人もいるはずです。

いつにしようか、いつのタイミングがいいか、と迷ったときは、その瞬間です。そう決めておけば、タイミングを逃すことはありません。

今日するか明日するか、なら、今日です。今年するか来年するか、なら、今年です。早いほうを選択する。それがタイミングの必勝法です。

夏休みの教室で「いいな」と思ったことが、11月になっても始められていない。これを「遅い」と捉えるかどうかは人によりますが、Kちゃんの中での興味や意欲は、時間をおけばおいただけ、下がってきていると思います。

タイミングを逃さないということは、チャンスを逃さないということです。

第4章

先延ばししたほうが得だ！

わざとやっている グズグズ

19 グズグズしてたら得をした

「グズグズすれば欲しいものがもらえる」と学習させていませんか

グズグズすることが習慣になってしまって、いつもグズグズしている子もいます。

それは、グズグズすることで、得をすることがあるからです。

グズグズして得をした経験を持ってしまうと、グズグズがやめられなくなってしまいます。たまたまグズグズする、というのではなく、グズグズが習慣化してしまうのです。

どんな得をしたのでしょうか。
たとえば、グズグズしていたら、わがままを聞いてもらえたり、何かおいしいものやおもちゃをもらえたりする、ということ。これは小さいころは多いと思います。グズグズして機嫌が悪い、機嫌がよくなるように、親や周りの人が機嫌を取ってくれる経験です。

小さくて言葉では表現できないので、グズグズしたり泣いたり不機嫌にしていたら、ご機嫌になるようにいろいろしてもらえることがあるでしょう。

でも、できれば、グズグズしていたら、「どうしたのか?」聞いてほしいのです。言葉が話せない小さい子でも、「のどが渇いたの?」と聞いたら、うなずいて意思を表現できます。ちょうだい、と言うように促すこともできます。

どうしたのか、どうしたいのかを表現できるようになれば、グズグズという表現方法に頼らなくてもすむのです。

それをきちんと教えずに、グズグズしていたらすぐに何かしてもらったり、何かもらえたりするのは、あまり幸福なことではありません。

自分がしてほしいと思っていないことをされたり、望んでいないものをもらったりするからです。嬉しくないのにお礼を強要されたり、喜ばないといって怒られたりします。

欲しいものをはっきり表現しないし、表現する能力も育たないので、「自分にはほんとうに欲しいものは手に入らないのだ」という思い込みを形成してしまうことにもなります。

それから、グズグズしていたら、代わりにやってもらえる、と学習する場合があります。

親が子どもがするのを待てずに、代わりにやってしまったり、途中で手を貸してしまいます。すると、子どもはさっさと自分でするよりも、グズグズしていたほうが得をするんだ、と感じます。

わざとグズグズして見せて、親にやってもらうように仕向けたりもするんですよ。ズルイですね。

もちろん、怒られたり、ダメな子という評価を受けたりするのですが、それよりも、自分でしなくてすむといううまみを選択するのです。自分でやってもうまくできない、人にやってもらったほうが楽だ。そう学習したのです。

この場合も、自分でやる能力や責任感、やりとげる喜びといったものを育む機会を失う可能性があります。

だから「ダメな子」と言われても、やめられない！

ほかにも、まだまだ得することがあるんですよ。

グズグズしていると、それ以上のことを期待されないということです。グズグズしていると、今やっていること以上のことをやらされることはありません。

給食をグズグズ食べている子どもを見たことありますか？　以前は給食を全部食べるまで遊んではいけないというきまりがありました。泣きながら机に向かって昼休みの間、ずっと座っています。自由に遊べなくてかわいそうですね。でも、グズグズ食べているふりをしていれば、それ以上の不快なことは起こりません。もっと不快なことから逃げられる、という得があるんです。

職場でも、自分の仕事で手いっぱいです、という人に、ちょっと手伝って、とは声をかけにくいですね。

あなたが上司でも、グズグズ仕事をしていて頼りにならない部下に重要な仕事を任せたりしませんね。今以上のイヤなこと、今以上に責任を問われることを回避できるといううまみがあるので、グズグズがやめられないのです。もちろん、仕事ができないダメな人という評価を受けるのはしかたないことです。

それから、グズグズしていると結果がいつまでもはっきりしません。それが得だと感じる場合もあります。

何か都合の悪いことがあって、お母さんに「あれ、どうなったの？」と聞かれても、グズグズしていればごまかせたりします。運よく忘れてくれることもあるのです。

他人に対してだけではありません。自分の中でも、結果が思わしくないものをうやむやにしてしまいたい。そんな願望を叶えることができるのです。

直視したくない事実から目をそらすために、グズグズすることは有効です。たとえドンドン事態が悪くなっていっても、そのことに直面することを遅らせたい。そのために「グズグズ」の中にどっぷりと漬かっておく必要があるのです。

こんなに得をすることがあるのです。「グズグズ」はやめられない、ですね。

理性的・客観的に考えると、得をしていることよりも、失っていることのほうが多いようですが、グズグズすることで、得をするというのが習慣として身についてしまっている人は、なかなか行動を変えることができないのです。

親にできることは、この「グズグズすると得だ」という学習をさせないことです。子どもが子どもでいるうちに教えておきたいですね。

20 グズグズするのが、自分らしい

わざとギリギリまでやらない、遅れる「心理」

グズグズすると得をする、という行動面だけのケースより、もっと根本的な場合があります。グズグズしているのが自分らしい、と感じる場合です。セルフイメージが、「グズグズしている」姿なのです。

だから、テキパキと判断したり、素早く行動したりすると自分らしくないと感じるのです。有能だね、とかほめられると自分ではないような気がして、居心地が悪く感じます。

うっかり早く仕事ができて、締め切りのずいぶん前にでき上がったりするとそわそわと落ち着きません。もう少しででき上がるのに、わざとゆっくりしてギリギリになるまで完成させなかったりします。

本気でやれば間に合うのに、間に合わないようにしてしまう場合もあります。いつもちょっとだけ遅刻したりして、グズグズする人というセルフイメージを保とうと行動してしまうのです。

私たち人間は、小さい子どものときに、「自分はこういう存在だ」というセルフイメージをつくります。

小さくて能力も判断力もない、未熟なうちにつくるので、大きくなってからの実像とかけ離れている場合も多いです。自分が成長するにしたがって、セルフイメージも変えていけばいいのですが、なかなかそうしません。無意識で思っていることだからです。

小さいときは、親の言うことをうのみにしてセルフイメージを持つことがよくあります。

小さいときは親から言われたことを批判する能力がありませんから、**「おまえは**

グズだ」とか、「バカね」とか言われたことを、そのままセルフイメージとして取り込んでしまいます。

素早く行動できたり、賢い判断ができても、「自分らしくない」と感じて違和感をおぼえ、そうできた経験は「例外」として忘れ去られます。イメージどおりに「グズグズした」経験はしっかりと記憶し、積み重ねます。

そうして、グズグズするセルフイメージを守るような行動を取ります。自分の能力を否定するような言動をしますし、ほめられたことを素直に受け取りません。

こういう人は、他人からは、わざとグズグズしているようにしか見えません。できるのに、さぼっているように見えるのです。そのことによって、コミュニケーションエラーが起こりやすく、トラブルも起こしやすいのです。

本人は一生懸命やっているつもりでも、他人からは力を尽くしていないように見えるからです。本人が一生懸命やればやるほど、残念な結果をつくってしまいます。自分も周りも不幸にしていくのです。

親が貼ったレッテルのとおりに子は育つ

子どものときには、誰でもグズグズします。表現力もない、自信もない、要領も悪いわけですから、おとなから見るとグズグズしているように見えて当然です。それを「グズグズする子」「グズな子」というレッテルで扱わないようにしてほしいのです。「グズグズする子」「グズな子」として扱われることで、どんどん「グズグズする子」「グズな子」になってしまいます。

グズグズする自分、としてのセルフイメージを持った子どもは、セルフイメージに従って生きるにしろ、そのセルフイメージと戦うにしろ、たいへんな思いをします。

子どもの「グズグズ」というのは一時的なものにすぎないのだ、その子の生涯続く個性ではないのだということを知っておきたいですね。

21 グズグズは伝染する

「ちゃんとしていると損だ」という気分になる理由

第1章で子どもがグズグズすると、親はイライラする、というお話をしました。感情は伝染しやすいということでしたね。ここでは、ある意味、意図的に「グズグズ」を伝染させるということについてお話ししようと思います。

グズグズすることが習慣になっている子どもは、いつもグズグズします。そうすると、周りのおとなはその「グズグズ」に翻弄《ほんろう》されることになってしまいます。

集団の中でグズグズする子がいると、その子におとなの注意が集中するのです。おとなはグズグズする子を特別に扱います。それによって、それ以外の子には関心が向けられなくなります。

きょうだいの中にグズグズする子がいると、その子に手を取られてしまいますね。その分、その子以外の子が何か物足りない思いをすることもよくあることです。グズグズしない子が損をした感覚を持つのです。

あるお母さんから相談されました。年子の二人兄弟のお母さんです。年子ということで、あまり体格にも差がないふたりを、お母さんはなるべく平等にしようと思っていました。

1歳のときにお兄ちゃんになった上の子がかわいそうで、弟がミルクを飲んでいたら、お兄ちゃんにもミルクを飲ませてあげていたそうです。オムツをはずすのも、同じ時期にしたそうです。そんなふうに育てていたせいか、お兄ちゃんがわざと赤ちゃんっぽくふるまうようになったようだ、というのです。

お兄ちゃんは幼稚園の中では、同学年の子どもと同じように行動できるのに、家では弟と同じように「できない」ふるまいをします。

弟もお兄ちゃんのまねをして、「赤ちゃんごっこ」みたいになるそうです。お母さんを取り合ったり、甘えたりするのも競争です。お母さんは、このままでいいのかと不安を感じています。

グズグズしたほうがお母さんにかまってもらえて得、ということになると、ふたりが競ってグズグズしてしまうことになりかねません。

お母さんとしては、子どもが自立していってくれることを望んでいるのに、逆の結果になってしまいますね。グズグズすることに注目しすぎることで、こんなことが引き起こされます。

平等にしたいということは悪い動機ではないと思いますが、お兄ちゃんのレベルを弟に合わせて下げる、というのは何か違うと感じますね。望ましい行動をうながす、自立を促進するという目的を見失わないようにしたいものです。

望ましくない行動には注目してはいけない

家庭だけでなく、学校や職場でも同じ現象が起こってくるんですよ。クラスにグズグズする子がいて、その子どもに注目が集まると、それ以外の子が、いわば「まじめにやってると損だ」と感じ始めるのです。

そして、その形はいろいろですが、グズグズが伝染し、拡大していくことがあります。学級崩壊のひとつのかたちです。

グズグズする子に手を取られてしまうのはある程度は仕方のないことですが、やはり、望ましい行動をするほうに注目をしてほしいものです。

望ましい行動というのは、遅刻せずに学校に来たり、お友だちと仲良く遊んだり、椅子に座って授業を受けたりすることですね。授業中に立ち歩いたり騒いだりといった行動がクローズアップされる一方で、望ましい行動が当たり前のこととして見逃されてしまうことが問題ではないでしょうか。

そして、集団の中にグズグズがエスカレートしていくとどうなっていくかについても、少しお話ししておきましょう。

グズグズすることが習慣になってしまっている子どもは、混乱が広がったり、おとなが困ったりすると嬉しいのです。グズグズしている仲間が増えて、自分だけが怒られなくなります。まじめにやろうとする友だちを妨害し、グズグズ仲間に入れようとそそのかします。

授業も進まず、騒ぎが大きくなると退屈しません。楽しいです。おとなたちが右往左往しているのを見ると、ある種の悪魔的な喜びさえ感じることもあります。

集団になると、集団ならではの心理が働いてきます。どんな子どもに育てたいのか、どんなきょうだい、どんな仲間になってほしいのか。目的を明確にして、望ましい結果を得るためにどうするかを考えておくことが必要だなと感じます。

第5章

カンタンすぎてつまらない！

頭のいい子のグズグズ

22 わかるから、できるから、つまらない

「なぜ、わかっていることを繰り返ししなきゃいけないの？」と言う子には…

進んで宿題をしない子どもの中には、知っていること、習ったことには興味がない、または反復するのが苦痛、という場合が少なくありません。漢字学習や計算では反復練習が必須とされているのに、その毎日の反復がしたくない。そんな子がいます。

では、どんなことに興味があるかというと、新しいこと、まだよく分からないこと、あえて言えば、「むずかしいこと」なのです。漢字や計算が完璧にできるか、というとそうでもないのですが、それを完璧にしていくよりも、新しいことへ進む

ほうに興味がある、というケースです。

いい、悪い、という判断を脇へ置いて、こんな子どもには、どう対処していけばいいのでしょうか。

ひとつには、常に難しいレベルのことにチャレンジさせる、という方法があります。

小学校くらいだと、2～3学年上のレベルができるという子どもも少なくありません。その子どもにとって、学校で習っていることは簡単すぎるのです。簡単に分かるので、勉強というもの、勉強することをなめているのです。教えてもらわなくても分かるので、学校や先生のことも尊敬していません。だから、勉強が大事だと思わないし、コツコツ努力する姿勢も身につきません。

確かにその時点では「習わなくても分かる」「練習しなくてもできる」のですが、いずれ学年が上がり、難易度が上がってくるにつれ、分からないこと、できないことが増えて苦しむことになります。

低学年で身につけておくべき勉強する姿勢が、身についていないからです。

そうなると、今まで「頭がいい」と思われていただけに、そうでない子どもよりもつらいことになってしまいます。そんな子どもが、数は多くありませんが、います。

もし、そんなケースであれば、少し上の学年の内容を勉強させていくという方法があります。学校以外で、です。

これは英才教育をするというのとは、少し違います。目的は、コツコツ努力する姿勢を育むことです。

もちろん、アタマもよくなりますから英才教育にもなるかもしれませんが、それが目的ではありません。早熟な子どもは必ずしも天才ではないのです。天才にしようと思って教育すると、成長して周りが追いついてきて、がっかりします。

勉強が楽しいと思えるためには、その内容が子どもに合ったレベルである必要があります。

通常よりも学力が低い子どものサポートは、近年は手厚くしてもらえるようになってきていますが、周りよりもちょっと早熟な子どもの悲劇は、見すごされがちです。

公教育ではケアしにくい部分でもあります。親がサポートしてあげてください。

「勉強以外」で、コツコツ努力する姿勢を育てましょう

コツコツ努力する姿勢は、勉強以外のことでも身につけることができます。もうひとつの方法は、勉強以外でコツコツ続けられることをなにかすることです。その子の興味のあることで、継続性のあるものをやらせてみるのもいいと思います。本を読んだり、習字を習ったり、スポーツでも、お手伝いでもいいでしょう。努力する姿勢、積み上げていく喜びを感じられる子どもに育てたいですね。

23 先を読みすぎるグズグズ

考えすぎて動けない子どもの共通点

頭がよすぎて、先を読みすぎるために、グズグズしてしまうことがあります。

でも、正しく見えているかというと、そうでもないのです。必要以上に悲観的に未来を予測して行動ができないということがよくあります。

こうしたらこうなる、と失敗を予測してしまうのです。実際にやってみないと分からないことが多いのに、それが分かりません。

こうしたら、こんな困ったことが起こる。こんな可能性もある。こんなふうに言われるに違いない。そう思えば思うほど、行動を始めることができません。

この、**先を読みすぎる子どもの特徴は、完璧主義なところがあることです。**

少しでも失敗する可能性のあることには手を出しません。自分が以前失敗したことだけでなく、人が失敗しているのを見た、こんなふうに失敗したと聞いたことも、するのがイヤです。

アタマの中に、自分が失敗する姿がありありと描かれてしまうからです。それだけではありません。失敗して周りから笑われたり、ダメなやつと言われている声が、リアルに聞こえてきます。

どうしてこんなに完璧主義になってきたのでしょう。

ある20代の女性から、こんな話を聞きました。

子どものころ、いつも学校から帰ると、その日の授業のノートやテストを見せなくてはいけなかったそうです。お母さんだけでなく、お母さんの母であるおばあちゃんにも見せなくてはいけません、そして、お母さんやおばあちゃんの前で、ノートやテストの良くないところを直させられていたそうです。

テストの点が悪いと、どうして間違えたのかときつく責められ、家に帰るのが苦痛だったと言います。

この女性は、今でも何かしようとすると、何か間違いをして怒られるのじゃないかと想像してしまいます。

どんなふうに間違えるか、そのことをどんなふうに怒られるのかもリアルに想像できてしまう。お母さんやおばあちゃんの声が耳に響く。その想像が頭をめぐり、間違える可能性のあることや、新しいことをするときに体が動かなくなるとのことです。

「加点主義」がチャレンジする子どもをつくる

完璧主義の子どもの多くは、減点方式で育てられています。

減点方式というのは、たとえば、テストが75点だったときに、75点取れたと言わず、25点取れなかったということです。満点から得点を引き算したもの。それをその子の評価にすることです。この場合、マイナス25点です。

できたことはスルーされ、できなかったことを指摘されます。できていないことを責められ、100点でないことを怒られます。マイナス0が最高なので、どんなにがんばっても、常に評価はマイナスです。

頭のいい子は考えます。テストでマイナスをつくらないためには、テストを受けないのが一番です。**人生でマイナスを作らないためには、行動しないことが一番です。**

失敗しないかどうか、シミュレーションしてみないと怖くて行動できません。どうすれば、マイナスが一番少なくなるかを考えないと行動できません。

チャレンジしていく子ども、どんどん行動していく子どもを育てるには、減点方式ではなく、加点方式をお勧めします。

できたことを積み重ねていく方式です。今日のテストは75点。昨日は65点、足したら140点です。加点していけば点はドンドン増えるのです。怒る必要なんてありませんね。テストを受ければ受けるほど、点数は増えていきます。満点から引き算しなくてはいけない、なんて、ただの思い込みです。

テストだけではありません。できたこと、チャレンジしたこと、それを積み上げていく人生がいいなと思います。

子どもだけではありません。私たちおとなも、できたこと、チャレンジしたことを積み上げて生きていきたいですね。

24 できる子のグズグズ

「本気でやればできる子」が伸び悩んでいるときの接し方

「やればできる」。自分も周りもそう思っている子が、なぜか「グズグズ」することがあります。

本気が出せない、本気でやってない。そんな「グズグズ」は、どうして起こるのでしょうか。サポートする親には、何ができるのでしょうか。

Lくん、明るいリーダータイプの11歳の男の子。来年は中学受験です。小さいときから優秀です。中学受験も自分からすると言い出して、4年生のときから塾に通っています。

ところが最近、成績が伸び悩んでいます。塾のクラスは２組あって、毎月ある塾内テストの成績によってクラスが替わります。Lくんは今までずっと上のクラスだったのに、この時期になって下のクラスになってしまいました。お母さんもショックですが、本人のプライドを考えると何も言えずにいます。

勉強に対する態度はどうですか？　と聞くと、今までどおり塾には行っているものの、明らかに元気がないとのことです。

塾の先生からは、本気が感じられない、もっと本気でがんばったら、すぐに元のクラスに戻れるぞ、と励ましてもらっているのに、また成績が下がったというのです。

志望校を変えたほうがいいのか、今後の方針も本人と話し合わなくはいけないのですが、本音のところが聞けません。お父さんもお母さんも、Lくんに遠慮して腫《は》れ物にさわるような、そんな会話になっているそうです。

優秀な子どもが、優秀な子どものグループの中で、さらに優秀であり続けるには、努力が必要です。努力していても、みんなも努力していますから、相対的に成績が下がることもあります。下がったことが周りのみんなにもはっきりと分かってしまうので、とてもつらい気持ちになったり、居心地が悪くなったりもするでしょう。そんな中、今まで以上に「本気で」がんばれ、と言われても、どうしたらいいか分からない、できないかもしれませんね。

お母さんも、そんな子どもの姿を見て、どう接していいのか分からなくなる。それも無理はありません。

「受験」ということで言うと、「合格」があれば「不合格」もありえます。成績も上がったり下がったりします。その上がり下がりによって、子どもの気持ちが揺れるのはしかたのないことだと思います。

しかし、親は、子どもと一緒に揺れる必要はないのです。おとなですから、もう少し大きな視点を持つことが可能です。

成績は上がったり下がったりするものだし、受験しても受かったり落ちたりするものです。目指さなければ不合格はありませんが、合格することもありません。自分で受験すると決めて勉強をがんばっているLくんは、それだけでも素晴らしいではありませんか。

この経験や勉強したことは、どんな結果が出ても、決して無駄にはなりません。加点方式でいけば、大勝利です。これが、おとなの視点です。

母親はただ「そこに戻れば気持ちが落ち着く存在」であればいい

お母さんはLくんと一緒になって気持ちをぐらぐらさせるのではなく、Lくんが安心してぐらぐらできるように、安定した環境をつくってあげたらいいですね。

Lくんのぐらぐらに伝染するのではなく、船を迎え入れる港のように、波を小さくしてあげましょう。そこに戻れば気持ちが落ち着くような、そんな存在になりましょう。

そのためには、「クラスを元に戻す」なんて小さいことにこだわらないほうがいいです。目標は、合格。その途中で何があっても、いちいち気にしなくていいのです。冷静に、おとなの視点を保ちましょう。

Lくんが本気を出すか出さないか、それもLくんに任せたらいいのです。お母さんが信じていれば、Lくんは彼のできる、せいいっぱいをやるはずです。お母さんはお母さんのできる、具体的なことをしましょう。


明るく朗らかにして、お父さんとも仲良くする。

家族で楽しく会話をする。

おいしくて元気の出るご飯をつくる。

受験までの体調管理をサポートする。

Lくんが、やっていることを承認する。

サポートしている自分自身を承認する。

そして、受験という人生最初の戦いに臨もうとしている子どもを、支えていきましょう。どんなことがあっても大丈夫だという気持ちで。ほら、誇らしい気持ちになってきたでしょう？

あとがきに代えて

「グズグズがなくなる」と手に入るスゴイ力

子どもの「グズグズ」、ほんとうにいろいろありましたね。

感情的な「グズグズ」、自信のなさによる「グズグズ」、要領が悪い「グズグズ」、意図的にやる「グズグズ」、頭がいいからこその「グズグズ」。

「なるほど、これなら子どもがグズグズするのも無理はない！」と思っていただけたと思います。

どんなときに子どもがグズグズするのか。おとなである私たちは、どんな行動を「グズグズ」と判断しているのか。それが明確に分かれば、「グズグズ」の役目は果たせたことになるのです。役目を果たした「グズグズ」は、自然となくなっていくはずです。

おとなであっても、さまざまな「グズグズ」に目標達成を阻まれることはあります。この本を読んでいただいた皆さんには、「グズグズ」が出てくることが、決して悪いことではないということが理解していただけると思います。なぜなら、「グズグズ」は「何かしたいこと」「ほんとうに望むこと」があるときに、それを阻むものとして出てくるからです。

「グズグズ」が出てきたから行動しない、というのでなく、「グズグズ」に左右されずに行動して、「グズグズ」の向こうにある「ほんとうに望むこと」を手に入れることができたら、いいですね。

そして、成功というのは、グズグズせずに行動することでしか手に入りません。一度でも多く行動できれば、成功に近づきます。イチローの例を思い出してください。一度でも多く打席に立つ、一度でも多くバットを振る、そして、やったことやできたことを加算していくのでしたね。どんなに才能があっても、やる気があっても、行動しない限りは何の結果も生みません。

100点から得点を減点する、というのは、「人間の物差し」です。短期的で狭い範囲の物差しです。それが必要なこともありますが、自分の人生をその物差しで評価しなくてはいけないことはありません。マイナスが増えることを恐れて行動するのをやめるなんて、馬鹿馬鹿しいことです。

人間の物差しとは別に、「神様の物差し」というのがあります。

神様の物差しは、ただその人のやったことを積み重ねていく、加点方式なのです。人生は長い。その長い人生で、行動できたことを積み重ねていける人が、成功者です。

「グズグズ」をやめて行動することができる、たったそれだけでいいのです。ものすごく頭がよくなくてもいい。スゴイことをしなくてもいいのです。グズグズせずに行動するだけで、いいのです。

グズグズしている間は行動ができません。ただただ時間が過ぎていくだけで、何の結果も出ません。

グズグズせずに行動する、その行動で結果が出ます。成功であれ、失敗であれ、何らかの結果が出ます。行動して結果を出す、それが重要なことです。

グズグズせずに行動する、そんな人は自分に自信が持てます。周りの人から信頼され、尊敬されます。組織の中でたいせつな存在になります。集団をひっぱっていける存在になれるのです。

組織の中で上位5パーセントに入ることで、安定した幸福感を感じることができるといわれています。それは、「優秀だから」という理由ではありません。その組織、その集団の中で、ほかのメンバーや全体に対して、「自分は役に立つ」、「自分は与えることができる」という感覚を常に持てるからです。人間は集団で生活する動物です。自分が幸せになるためには、ほかの人を幸せにすることが必要なのです。自分ひとりが良ければいい、そんな考え方ではほんとうの意味では幸せになれない、ということです。

誰かの役に立っている、その幸せな感覚を持ちながら生きていくことって、大切なことだと思います。

そして、今まで一緒に読み進んでくださったあなたには、「グズグズ」をなくさないといけない、ほんとうのワケが何となく分かってきたのではないでしょうか。

「グズグズ」は、子どもひとりで起こるものではない、お父さんやお母さん、家族、先生、そんな子どもの周りにいる人との関係で起こってくるものだということをお話ししました。

「グズグズ」はコミュニケーションのひとつであり、伝染もする、ということもお伝えしましたね。「グズグズ」というコミュニケーションは、ネガティブな感情を引き起こし、伝染させ、拡大して、集団全体を「グズグズ」化してしまいます。

おとなの私たちは、「グズグズ」に頼らない、前向きなコミュニケーションをしたり、「グズグズ」の不要な伝染を防いだりすることができます。子どもの自信を育んだり、能力を上げていくサポートをすることができます。そうすることで、「グズグズ」はなくしていけるのです。

そうすることで、前向きに行動したり、自分に自信を持ったり、自分のことを好きになったりする子どもを増やしていけるんです。

どんな選択をしてもいいんだ、と安心して行動していく子ども、親や周りのおとなに愛され認められているという自信を持って生きている子ども、時間を上手に使える、能力の高い子ども、幸せな子ども、成功する子ども、そんな子どもがひとりでも増えていくように、そう願ってこの本を書いています。

グズグズすることが習慣になってしまっている不幸せな人をなくしたい。人を減点法で裁いたり、自分を完璧主義で苦しめたり、したいことをあきらめ、行動を先延ばしにして、人生を無駄に生きている人をなくしたい。「グズグズ」を伝染させ、拡大させたいともくろむ悪意ある存在をなくしたい。心から、そう思います。

「グズグズ」がなくなる、というのは、そんな思いを込めたテーマです。けっこう壮大な話でしたね。

あら、ウチの子どもがグズグズしなくなったら、それでいいのに。

そうです、それで、いいんです。

ひとりのお母さんが自分の子どもを育てるのに、少しでも役立てばいいんです。

ひとりひとりのお母さんが、それぞれの子どもの「グズグズ」をなくすようにすること、それが、世界の幸せにつながっていると思います。

一人ひとりのお母さんが、少しでも子育てが楽になり、幸せになること。それが世界の平和につながっていると信じています。

子育てというのは、そんな価値と可能性を含んだものです。文字どおり、これからの未来を育んでいるのだと思います。

田嶋　英子

著者紹介

田嶋英子 プロコーチ。NLPマスタープラクティショナー。（株）未来クリエイショントレーナー。1961年佐世保市生まれ。広島大学教育学部卒業後、高校教諭として活躍。結婚・出産後は二男一女の母として東京大学などへの進学サポートに成功。現在は、「出会う人をもれなく成功させる！」をモットーに、子どもの不登校・ニート問題、夫婦関係の改善、婚活・就活など、家族・子育て・職場の人間関係に精通した「お母さんサポートの専門家」としてセミナーやトレーニングを行っている。著書に『子どもの「言わないとやらない！」がなくなる本』（小社刊）がある。広島県在住。

※NLPとは、Neuro Linguistic Programming（神経言語プログラミング）の略で、コミュニケーション技法と心理療法を中心につくられた最先端の心理学メソッドです。

子《こ》どものグズグズがなくなる本《ほん》

2015年2月5日 第1刷

著　　者　田《た》嶋《じま》英《えい》子《こ》
発 行 者　小澤源太郎

責任編集　株式会社 プライム涌光
電話 編集部 03(3203)2850

発 行 所　株式会社 青春出版社
東京都新宿区若松町12番1号 〒162-0056
振替番号 00190-7-98602
電話 営業部 03(3207)1916

印 刷 共同印刷　製 本 フォーネット社

万一、落丁、乱丁がありました節は、お取りかえします。

ISBN978-4-413-03942-0 C0037

大好評 発売中!

子どもの「言わないとやらない!」がなくなる本

自分で決め、自分からやる心を育てるちょっとした方法

田嶋英子

ISBN978-4-413-03914-7 1300円